湖北省学术著作
Hubei Special Funds for
Academic Publications
出版专项资金

2015年度教育部人文社会科学研究青年基金项目"中国文论范畴的经典化研究"
（批准号：15YJC751026）项目资助出版

丛书主编　李建中

有所"止"的文明

——中国文化关键词"止"考论

李立　著

WUHAN UNIVERSITY PRESS
武汉大学出版社

图书在版编目(CIP)数据

有所"止"的文明:中国文化关键词"止"考论/李立著.—武汉:武汉
大学出版社,2021.1(2022.4 重印)
中华字文化大系/李建中主编
湖北省学术著作出版专项资金资助项目
ISBN 978-7-307-21789-8

Ⅰ.有… Ⅱ.李… Ⅲ.汉字—文化研究 Ⅳ.H12

中国版本图书馆 CIP 数据核字(2020)第 178348 号

责任编辑:白绍华   责任校对:汪欣怡   版式设计:马 佳

出版发行:**武汉大学出版社** (430072 武昌 珞珈山)
(电子邮箱:cbs22@whu.edu.cn 网址:www.wdp.whu.edu.cn)
印刷:武汉邮科印务有限公司
开本:720×1000 1/16 印张:12.75 字数:175 千字 插页:1
版次:2021 年 1 月第 1 版 2022 年 4 月第 2 次印刷
ISBN 978-7-307-21789-8 定价:59.00 元

总序　字孳字乳的文化：中华文化的"字"生性特征

李建中

人类轴心期五大文明(古巴比伦、古埃及、古希腊、古印度、古中国)，惟有华夏文明传承至今，生生不息，个中缘由非常复杂，但文字的特性无疑是重要因素之一。同为轴心期文明，拉丁语的最小单位(字母)是无意义的，而汉语的最小单位(包括部首在内的字)则能显现独立甚至全息的意义，一字一世界，一字一意境。在漫长的历史演变之中，方块字既没有被梵化，也没有被拉丁化，中国文化因之分久必合，华夏文明因之亘古至今。

东汉许慎(约 56—147)《说文解字·叙》曰："字者，言孳乳而浸多也"①，孳者孳生，乳者哺乳。从观念和思想的层面论，方块字是中华文化之母，不仅孕生而且哺育了中华文化，会意指事、形声并茂地建构起中华文化的意义世界。《周易》讲"鼓天下之动者存乎辞"，许慎讲"盖文字者，经艺之本，王政之始"，刘勰讲"心生而言立，言立而文明"，金圣叹讲"以文运事，因文生事"，一直到鲁迅讲"自文字至文章"和陈寅恪讲"凡解释一字，即是做一部文化史"，均可视为从不同层面揭示中华文化的"字"生性特征。

中华文化产生、传承并能在长久历程中与多种外来文化交流而生生

---

① (汉)许慎撰，(清)段玉裁注：《说文解字注》，上海古籍出版社 1981 年版，第 754 页。

不息，与汉字密切相关。汉字是一种世界上非常独特的文字，每个汉字独立且集音形义于一体。在上古，汉语以单音词为主，其中有些单音词成为中国文化的核心词，作为中华文化之元（本原与起源），在其后不断的演变中扩展、丰富。我们这套《中华字文化大系》，精选奠基华夏文明、代表中国文化特征的 100 个汉字（又可以称为"中华文化关键词"或"中华文化核心词"），一个字一本书，对每个字既作"原生—沿生—再生"之源流清理，又作"字根—坐标—转义"之义理阐释，从而在文化思想、社会政治、智性审美、民族心理乃至民风民俗、日常生活等多元面向，标举中华文化的"字"生性特征，建构中华文化的话语体系，彰显中华文化的巨大影响力和恒久生命力，为海内外广大读者奉献中华字文化高远的美学意境和深广的意义世界。

南朝刘勰（约 465—521）《文心雕龙·序志》曰："若乃论文叙笔，则囿别区分，原始以表末，释名以章义，选文以定篇，敷理以举统，上篇以上，纲领明矣。"①"原始以表末"四句，既是《文心雕龙》的理论纲领，又是刘勰文学理论批评的基本原则。刘勰的"文学"是广义的文学，与我们今天所说的狭义的"文化"（即小文化或称观念形态的文化）大体上是相通甚至是重合的。因此，刘勰《文心雕龙》"论文叙笔"的四项基本原则，完全适用于我们这套《中华字文化大系》对汉字的诠解与阐释。字文化大系各分册对所选汉字（以下简称"本字"）的解读，大体上在"释名章义""原始表末""选文定篇"和"敷理举统"等层面深入展开。

第一，释名章义。名不正则言不顺，言不顺则事不成。"字"的定义（内涵与外延）尚未厘清，文化阐释从何谈起？本大系所精选的汉字，大多是上古时代以单个方块字为词的核心观念或术语，既有形、声、义三大基本要素，又有从殷商卜辞到六国文字到篆、隶、草、行的历史演变，其语义还有词根义、引申义、转借义、修辞义以及词性活用的不

① 本书所引《文心雕龙》，均据范文澜：《文心雕龙注》，人民文学出版社1958 年版。下不另注。

同。凡此种种，各分册在诠解本字时，都是需要讲清楚的。

第二，原始表末。不述先哲之诰，无益后生之虑。本字的语义嬗变，既标识不同时代的文化观念，又贯通不同时代的文化命脉，故须从历史的层面对本字的语义嬗变作出阶段性清理和分时段呈现，尤其要注意在外来文化（如古代的佛学和近现代的西学）影响下，本字与异域文化的冲突与融合。

第三，选文定篇。单个的字，活在文本之中。这里所说的"文本"，既包括传世文书如文史哲经典等，也包括出土文物如简帛、铭器等，还包括民间的和日常生活的口传文化。各分册对本字的解读，须借助多类文本以及由文本所构成的复杂语境，依凭丰富多元、翔实鲜活的语言材料，叙述并阐释本字所涵泳的智性审美、民族心理乃至民风民俗等多重旨趣。

第四，敷理举统。本大系所精选的汉字，大多具有全息特征，一字一意境，一字一世界，会意指事、形声并茂地呈现出中华文化高远的美学意境和深广的意义世界。故各分册对本字的诠释和解读，还需要从思想文化的深度，剖析本字所包蕴的哲学、伦理、宗教、政治、文学、艺术等多重语义内涵，概括并揭示本字对于中国文化乃至世界文明的独特价值和意义。

在囊括上述四项基本内容的前提之下，本大系的各个分册的入思路径、整体框架、章节设计乃至撰著风格等，既因"字"（本字）而异，又因"人"（著者）而异，但在总体上具有鲁迅《汉文学史纲要》所称颂的汉字三美："意美以感心，一也；音美以感耳，二也；形美以感目，三也。"

一、文字乃经艺之本，王政之始

许慎的《说文解字》，其《叙》称"文字者，经艺之本，王政之始"。陈梦家（1911—1966）《中国文字学》指出，汉代以前，"文字"的名称经历了三个时期：首称文字为"文"（如《左传》有"夫文止戈为武"、"故文反正为乏"和"于文皿虫为蛊"），次称文字为"名"（如《论语》"必也正名乎"皇疏引郑注"古者曰名，今世曰字"），末称"文""名"为"文字"（如秦始皇《琅琊台刻石》"同书文字"）并沿用至今。①章太炎（1868—1936）《国故论衡》曰："文学者，以有文字著于竹帛，故谓之文。论其法式，谓之文学。"②这里所说的"文学"是广义上的，与狭义的"文化"（即观念形态的文化或曰小文化）大体重合。从字面上看，章太炎似将文化与文字等同；究其奥义，则是从源头（竹帛）处找到汉语文化与汉语文字的内在关联。章太炎又称"凡文理、文字、文辞，皆称文"，可见"文字"还包括了"名""言""辞"等。在中华文化的产生、生成乃至生生不息之中，汉语的文字扮演着"名"正言顺、一"言"九鼎和"辞"动天下之重要角色。

章太炎《国故论衡》称"榷论文学，以文字为准"③，"以文字为准"是中国文化及文学研究的一大传统，这里的"准"既有标准、法式之义，亦有本根、源起之义。刘勰的"文章"颇类似于章太炎的"文学"，也是广义上的，与"文化"重合。刘勰著《文心雕龙》，专门辟有《练字》一篇，叙述"字"的历史，表彰"字"的伟绩，褐橥"字"的诸种功能。《练字》篇论"字"从仓颉造字说起："仓颉造之，鬼哭粟飞；黄帝用之，官治民察。"仓颉造字是华夏文明史上伟大的文化事件，动天地泣鬼神，孳文明乳文化。汉字的历史也就是中华文化的历史，汉字的功绩也就是中华文化的功绩，故《文心雕龙·序志》讲"文"之功德时称"君臣所以炳焕，军国所以昭明"，亦即《练字》所言"官治民察"。刘勰之前，东汉许慎曰："盖文字者，经艺之本，王政之始，前人所以垂后，后人所以识古。故曰'本立而道生'，'知天下之至啧（赜）而不可乱也'。"④许慎

---

① 陈梦家：《中国文字学》，中华书局 2006 年版，第 255 页。

② 章太炎：《国故论衡》，上海古籍出版社 2003 年版，第 49 页。

③ 章太炎：《国故论衡》，上海古籍出版社 2003 年版，第 49~50 页。

④ （汉）许慎撰，（清）段玉裁注：《说文解字注》，上海古籍出版社 1981 年版，第 763 页。

"故曰"所引两段文字，前者出自《论语·学而》，后者出自《周易·系辞上传》。由此可见，从《论语》到《易传》，从《说文解字》到《文心雕龙》，中华元典对"字"之文化本根义的体认是一以贯之的。

《文心雕龙·练字》称"字"乃"言语之体貌""文章之宅宇"，汉语的方块字是言语的生命体，是文章的宅基和家园。《尔雅》有"言者，我也"，"我"以何"言"？字。故《练字》篇说"心既托声于言，言亦寄形于字"。无言，心何以托？无字，言何以寄？《文心雕龙·章句》赞"字"，称其"振本而末从，知一而万毕"，亦即许慎所言"经艺之本，王政之始"。字乃统末之本，驭万之一。《章句》篇胪列"立言"的四大要素（字、句、章、篇），"字"居其首，"字"立其本："夫人之立言，因字而生句，积句而成章，积章而成篇。"无论是单篇的文章还是观念形态的文化，其创制孳乳，其品赏识鉴，都是从一个一个的方块"字"开始。①在源起与流变、创制与识鉴、传播与接受等多重意义上，"字"皆为文化之"始"或"本"，故在此意义上可以说"字生文化"。

许慎《说文解字》对"字"这个汉字的解释是"乳也。从子在宀下，子亦声"。段玉裁（1735—1815）注曰："人及鸟生子曰乳，兽曰产。引申之为抚字，亦引申之为文字。《叙》云：'字者，言孳乳而浸多也。'"②字者，孳乳也。"孳"是生孩子，"乳"是哺孩子。由"字"我们想到"孕"，两个汉字都是会意："孕"还只是十月怀胎，"字"则不仅是一朝分娩，更是含辛茹苦地将孩子抚养成人；"孕"还只是怀一个孩子（胎），"字"则是生产并哺育一个又一个的孩子，引而申之，则表明一个字可衍生出许多个词和短语。段玉裁为《说文解字·叙》"字者，言孳乳而浸多"作注时，还将"字"拿来与"名"和"文"相比较，先讲"名者自其有音言之，文者自其有形言之，字者自其滋生言之"，后说"独体曰文，合

---

① 民间将文人著书立说称之为"码字"，将接受者的文化解读称之为"识文断字"，亦可见对文化活动中"字"元素的高度重视。
② （汉）许慎撰，（清）段玉裁注：《说文解字注》，上海古籍出版社1981年版，第743页。

体曰字"，强调的都是"字"的"孳乳""浸多""滋生""合体（再造）"之功能。

当然，许慎和段玉裁说"字"，还只是在小学（文字学）的场域内讨论"字"的孳乳性或繁衍力。如果我们将"字，孳乳也"放在广阔的文化领域，来追问并验明"文字"与"文化"的血缘关系，则不难发现中华文化的字生性特征。《文心雕龙》开篇"原道"，追溯"文"即文化之本原与起源，《原道》篇在为"文"释名章义即解决了"文"的本原问题之后，继之回答"文"的起源问题："自鸟迹代绳，文字始炳，炎皞遗事，纪在三坟"，从"唐、虞文章"到"益、稷陈谟"，从夏后氏"九序惟歌"到周文王"繇辞炳曜"，从周公旦"制诗辑颂"到孔夫子"熔钧六经"，刘勰为我们描述的这一部上古文化史，分明滥觞于"文字始炳"，分明嬗变为文字的"符采复隐，精义坚深"，又分明完成于先秦圣哲的"组织辞令""斧藻群言"。

《原道》篇的上古文化史在论及商周文化时，称"逮及商周，文胜其质，雅颂所被，英华日新"，这是伟大的《诗经》时代，这是辉煌的风雅颂时代。商周始祖的"英华"记录在《雅》《颂》文字之中。商的始祖是契，契建国于商；周的始祖是后稷，后稷的母亲是姜嫄。再往上追问：契乃谁生？姜嫄如何生后稷？幸好，我们有《诗经》的文字：《商颂·玄鸟》说"天命玄鸟，降而生商"，《大雅·生民》说"（姜嫄）履帝武敏歆，攸介攸止。载震载夙，载生载育，时维后稷"。玄鸟生商（契），姜嫄履帝之足迹而生后稷，这是《诗经》的文字所记录的商周历史。就历史的真实而言，玄鸟不可能生商（契），姜嫄亦不可能履帝迹而生后稷；就文化（神话与传说）的真实而论，"玄鸟生商""姜嫄履帝迹生后稷"则不仅是"真"的，更是"美"和"善"的。而关于商周始祖的真善美的历史，与其说是《诗经》的文字所记录，还不如说是《诗经》的文字所创造。关于"字生文化"的例证，除了"玄鸟生商"和"履帝武敏歆"，还可以举出后羿射日、女娲补天、皇英嫔虞、伏羲画卦、仓颉造字……中华文化史上这些动天地泣鬼神的壮美故事，这些孳文明乳文化的伟大事件，无一不是我们的方块字所创造出来的，字生文化是也。

"文化"和"文字"的"文"，被许慎解释为"错画也，象交文，凡文之属皆从文"①。东汉的许慎虽读过《庄子》却未见过殷商卜辞，故不知道这个"文"就是《庄子·逍遥游》的"越人断发文身"之"文"。甲骨文中的"文"，从武丁时期到帝辛时期，均有"文身"之义："象正立之人形，胸部有刻画之纹饰，故以文身之纹为文。"②纹身所具有的符号性、象征性、修饰性、结构性和文本化，使得"文"这个独体象形的汉字成为人类最早的文化产品之一，亦成为汉语言"字生文化"的最早例证之一。如果说，人在自己身体上的交文错画是人类最早的文化行为，那么"以文身之纹为文"则是人类最早的文化识鉴和文化交往，是人对"字生文化"的感性鉴赏和理性批评。交文错画着形形色色之"文"的龟甲兽骨，虽然被掩埋在殷商帝辛的废墟之中，但"字生文化"作为华夏文明的重要特征却生生不息，历经数千载而不朽。我们今天从文明、文化、文字、文辞、文献、文学、文章、文艺、文采、文雅等众多中国文化的诸多关键词之中，从诗、词、歌、赋、曲、文、说、剧、碑、诔、铭、檄、章、奏、书、记等各体文学及文化产品之中，不难窥见掩埋在殷墟小屯的"字生文化"之元素及景观。

二、心生而言立，言立而文明

"文字"与"文化"都有一个"文"，"文"既是独体象形的上古汉字的典型代表，也是字生文化的典型例证。《文心雕龙》以"文"肇端（《原道》篇首句"文之为德也大矣"），以"文"终章（《序志》篇末句"文果载心，余心有寄"），可谓始于"文"而终于"文"。《原道》篇追原"文"之"元"（原本与源起），在很诗意也很哲理地阐释了"天之文"和"地之文"之后，水到渠成地引出"人之文"的定义："心生而言立，言立而文明，

① （汉）许慎撰，（清）段玉裁注：《说文解字注》，上海古籍出版社1981年版，第425页。

② 徐中舒主编：《甲骨文字典》，四川辞书出版社2006年版，第996页。

自然之道也。""人"（天地之心）诞生了，"字"（语言文字）才会被发明被创立；语言文字创立之后，"文"才会彰显、章明、刚健、灿烂。作为天地之心的"人"，以自己所独创的"字"（"名""言""辞"等），去彰明"自然之道"，这一彰显的过程、结果及其规律就是"文"（文章、文学和文化）。如果说，《原道》篇"鸟迹代绳，文字始炳"，《章句》篇"人之立言，因字生句""振本末从，知一万毕"讲的都是文字对于文化之产生即历史起源的决定性价值，那么这里的"心生言立，言立文明"讲的则是文字对文化之生成即逻辑本原的规定性意义。

鲁迅《汉文学史纲要》亦借刘勰"心生言立，言立文明"论汉语"文章"即狭义文化的本原、起源及流传，其首篇《自文字至文章》讲文字乃文章之始："专凭言语，大惧遗忘，故古者尝结绳而治，而后之人易之以书契"，"文字既作，固无愆误之虞矣"①，连属文字而成文章，即刘熙《释名》所云"会集众字以成辞义"，字生文化是也。汉娜·阿伦特《人的境况》讲人生在世须做三件事：活着，工作着，说（书写）着。② 人的工作，制作出各种文化产品，创造出灿烂的文明。而只有当人类用文字"立言"之时，才真正创造出"人之文"。或者说，人类只有凭藉"立言"这种文化行为，才能创造出"言立"的文化。《左传》讲三不朽——立德、立功、立言。就"德"和"功"的历史传承而言，前人如何垂后？后人如何识古？立言。何以立言？言寄形于字，因字而生句。故刘勰的"心生言立，言立文明"是对中华文化"字"生性特征的高度概括。

汉语"文学"一词有文献可征者，始见于《论语·先进篇》："文学：子游，子夏。"孔子（前551—前479）的这两位高足，既不创制诗歌更不杜撰小说，何来"文学"之名？杨伯峻（1909—1992）《论语译注》将此处的"文学"释为"古代文献，即孔子所传的《诗》《书》《易》等"③。这里的

---

① 《鲁迅全集》第九卷，人民文学出版社1982年版，第343~345页。

② ［美］汉娜·阿伦特著，王寅丽译：《人的境况》，上海人民出版社2009年版，第14~17页。

③ 杨伯峻译注：《论语译注》，中华书局1980年版，第110页。

"文学"实际上是我们今天所说的"文献学"，是观念形态之"文化"的重要组成部分。中国古代，小学（文字学）是经学的根基（故十三经有《尔雅》），经学家首先是小学家（字乃经艺之本）。《世说新语》据《论语》孔门四科而列"文学"门，叙述的是马融（79—166）、郑玄（127—200）、何晏（？—249）、王弼（226—249）、向秀（约227—272）、郭象（约252—312）这些学者注经的故事。精通小学和经学的文化大师们，统统被划归于孔儒的"文学"之门。

夜梦仲尼、以孔子为精神导师的刘勰本来是要去传注儒家经典的，但他觉得自己在经学领域很难超过马融、郑玄，就转而去撰写《文心雕龙》，其《序志》篇坦陈："敷赞圣旨，莫若注经；而马郑诸儒，弘之已精，就有深解，未足立家。唯文章之用，实经典枝条，五礼资之以成，六典因之致用，君臣所以炳焕，军国所以昭明，详其本源，莫非经典。"可见以"敷赞圣旨"即弘扬孔儒文化为人生理想的青年刘勰，实际上是从经学（包括小学）切入"文"的研究，或者说是从经学（包括小学）与文章之关系入手建构其"文"本体。以五经为标准来考察他那个时代的"文"，刘勰很容易发现"（时文）去圣久远，文体解散，辞人爱奇，言贵浮诡，饰羽尚画，文绣鞶帨，离本弥甚，将遂讹滥"。坚守儒家文化的经学立场和小学本位，青年刘勰敏锐地看出他那个时代的"文"（时文）在"言"与"辞"（即语言文字）方面出了大问题，而问题之要害则是严重背离了儒家五经"辞尚体要"的传统："盖周书论辞，贵乎体要；尼父陈训，恶乎异端：辞训之异，宜体于要。于是搦笔和墨，乃始论文。"批判时文的"言贵浮诡"，回归元典的"辞尚体要"，竟然成了刘勰撰写《文心雕龙》的文化心理动因。

如果说《序志》篇是在"文心（为文用心）"的深潜层次讲"辞尚体要"，那么《征圣》篇和《宗经》篇则是在"雕龙（创作技法）"的精微领域讨论如何以圣人和经典为师来"辞尚体要"。二者虽有巨细之别，但其经学立场和小学本位（即"字本位"）则是一致的。《征圣》篇连续三次讲到"辞尚体要"，要求文学家学习春秋经的"一字以褒贬"和礼经的"举轻以包重"，其文字方可"简言以达旨"；学习易经的"精义以曲隐"和左传的"微辞以婉晦"，其文字方可"隐义以藏用"；学习诗经的"联章以积句"和礼经的"缛说以繁辞"，其文字方可"博文以该情"。《宗经》篇则针对"励德树声，莫不师圣，而建言修辞，鲜克宗经"之时弊，大讲特讲儒家五经在"言""辞"即文字上的优长：易经的"旨远辞文，言中事隐"，诗经的"藻辞谲喻，温柔在诵"，书经的"通乎尔雅，文意晓然"，礼经的"采掇片言，莫非宝也"，春秋经的"一字见义，五石六鹢，以详略成文"。"五经之含文也"，宗经征圣落到实处，是要学习五经的文字功夫即雕龙技法，这也是刘勰撰著《文心雕龙》的用心之所在，苦心之所在。

　　青年刘勰"征圣立言"的经学立场不仅铸就其文学本体观的"字本位"，同时也酿成其文学史观的"字本位"，即从"字"的特定层面来考察文学的历史嬗变。《章句》篇讲诗歌的演变，称"笔句无常，而字有条（常）数"，诗歌句子的变化似无常规，而（每一句）字数的多少则是有规律可循的："四字密而不促，六字格而非缓，或变之以三五，盖应机之权节也。"在刘勰的眼中，中国古代诗歌的发展演变史，落到实处，就是"字"数之多少的应变史："二言肇于黄世，竹弹之谣是也；三言兴于虞时，元首之诗是也；四言广于夏年，洛汭之歌是也；五言见于周代，行露之章是也。六言七言，杂出诗骚；两体之篇，成于西汉。情数运周，随时代用矣。"《明诗》篇对诗歌史的描述，也是以"字有常数"为演变规律的："四言正体，则雅润为本；五言流调，则清丽居宗。……至于三六杂言，则出自篇什；离合之发，则明于图谶；回文所兴，则道原为始；联句共韵，则柏梁余制。巨细或殊，情理同致，总归诗囿，故不繁云。"总之，一时代有一时代之诗歌，彼一时代与此一时代的诗歌之异，或短或长，或密或疏，或促或缓，或多或寡，完全取决于字数的或增或减。王国维《人间词话》说"著一字而境界全出"，对于诗歌创作而言，增（或减）一字则格调迥别、境界迥异，"字"之多寡，岂能以轻心掉之？

三、鼓天下之动者存乎辞

《周易·系辞上》讲到《周易》的四大功用，首条便是"以言者尚其辞"①。《周易》的文化符号包括了两大系统：卦爻象系统与卦爻辞系统，借用王弼《周易略例》的话说，前者是"象者，出意者也"，"尽意莫若象"；后者是"言者，明象者也"，"尽象莫若言"②。但是，"象"之出意尽意，完全有赖于"言"之明象尽象，若无卦爻辞的文字阐释，《周易》那么多的卦爻象究为何意是谁也弄不清楚的。因此，《系辞下》要说"是故《易》者，象也；象也者，像也"，《周易》就是象征，象征就是通过模拟外物以喻晓内意，而拟物喻意离开了"辞"是根本无法进行也无法完成的。作为修辞手法，象征有两个端点：一头是物一头是意，物何以达意指意或明意？必须有"辞"，故《周易》的经与传要用"辞"来拟物（人物、事物、景物等）出意（意义、价值、情志等）。《周易》作为中国的文化经典，其生生不息的奥秘在于斯，其动天地泣鬼神的感染力亦在于斯，故刘勰要借用《周易》的话来浩叹："鼓天下之动者存乎辞！"

在因"五经皆文"而征圣宗经的刘勰心目中，《周易》无疑是最好的"文"（即文化经典）之一，故《文心雕龙·原道》讲述上古文明史以《周易》的原创与阐释为主线，所谓"庖牺画其始，仲尼翼其终"。《周易》的创卦者，观物而画卦，"系辞焉以尽其言，变而通之以尽利，鼓之舞之以尽神"；《周易》的观卦者，尚辞而解卦，"观其象而玩其辞"，观察卦爻的象征意味而探究玩味其文辞，或者反过来说，通过品味卦爻辞而领悟其象征及修辞。"辞"对于《周易》的意义是无论怎么强调也不为过分的：无"辞"何以识训诂？无"辞"何以明象征？无"辞"何以成易道？无"辞"何以定乾坤？

---

① 本书所引《周易·系辞传》，均据（清）阮元：《十三经注疏》，中华书局1980年版，第75~92页，下不另注。

② （魏）王弼注，楼宇烈校释：《王弼集校释》下册，中华书局1980年版，第609页。

《周易》是象思维和象言说，而《周易》的象思维和象言说，是靠"辞"（小学之训诂加上文学之修辞）来完成的。受《周易》的影响，中国古代文化历来有"尚辞"之传统，笼统而言是讲究语言文字的艺术，具体而论是注重象征、隐喻、比兴、夸饰等修辞手法。《文心雕龙》创作论二十多篇，有超过一半的篇幅是专门谈"字"说"辞"的：属于谈"字"（即讨论语言文字）的篇目有《声律》《章句》《俪辞》《练字》等，属于说"辞"（即讨论文章修辞）的有《比兴》《夸饰》《事类》《隐秀》等，属于通论二者的有《通变》与《定势》，《指瑕》与《附会》，《熔裁》与《总术》。广而论之，中国古代文论的批评文本，数量最巨的是历朝历代的诗话、诗式、诗格、诗法等。明清以降，继海量的"规范诗学"或"修辞诗学"，又出现热衷于作法和读法的小说戏曲评点。金圣叹《第五才子书》讲《水浒传》的创作是"因文生事"，"只是顺着笔性去，削高补低都由我"①，故"因文生事"是在叙事层面对"字生文化"的经典表述。

汉语的方块字孳生了文化，也哺乳了文化，字是文化之母。就"文字"创制与"文化"创造之关系而言，汉字的六书作为"字"的构造规律，深情地也深度地哺乳了中华文化，并成为观念形态之文化的创造规律。刘歆、班固将"象形"置于六书之首，并将六书前四项表述为"象形""象事""象意""象声"②，无意中触到字乳文化之要害。鲁迅《汉文学史纲要》亦论及"六书"尤其是"象形"与文化的关系："文字初作，首必象形，触目会心，不待授受，渐而演进，则会意指事之类兴焉。"③

我们以文字与文学的关系而论。汉字六书对汉语文学的孳乳，若概而言之，则是鲁迅所言"意美以感心，一也；音美以感耳，二也；形美

---

① 陈曦钟、侯忠义、鲁玉川辑校：《水浒传会评本》上册，北京大学出版社 1981 年版，第 16 页。

② （汉）班固撰，（唐）颜师古注：《汉书》第 6 册，中华书局 1982 年版，第 1720 页。

③ 《鲁迅全集》第九卷，人民文学出版社 1982 年版，第 344 页。

以感目，三也"①。若分而言之，其"象形"之"画成其物，随物诘诎"既是汉字区别于拉丁文的标志性特征，也是文学的标志性特征，方块字的象形孳乳了文学的形象性和意境化，此其一。如果说"指事"的"视而可识，察而见意"，养育了文学之"赋"的直书其事，体物写志；那么，"比类合谊，以见指撝"之"会意"，与"本无其字，依声托事"之"假借"，则分别孳乳了文学的"比显"与"兴隐"，此其二。此外，"转注"的"同意相受"启迪了文学的互文性，而"形声"的"取譬相成"成就了文学的谐音之趣与声韵之美，此其三。至于具体的创作过程之中，文学家如何推敲，如何炼字，如何捶字坚而难移，如何语不惊人死不休，亦可见出"字"对于文学的特殊意义。

被称为现代语言学之父和结构主义之鼻祖的费尔迪南·德·索绪尔（1857—1913），视"文字"为"语言"的表现或工具；与此同时，索绪尔又不得不承认："书写的词跟它所表现的口说的词紧密地混在一起，篡夺了主要的作用；人们终于把声音符号的代表看得和这符号本身一样重要或比它更加重要。"②把书写的词即文字看得比口说的词即言语更加重要，这在表音体系（如拉丁语）中或许不太正常，但在表意体系（如汉语）中却是非常正常也是非常真实的。

或许是看到了表意体系的这种独特性，宣称"我们的研究将只限于表音体系"③的索绪尔，却在《普通语言学教程》中用了整整一节的篇幅，专门讨论表意体系中"文字的威望"及其形成原因："首先，词的书写形象使人突出地感到它是永恒的和稳固的，比语音更适宜于经久地构成语言的统一性"；其次，"在大多数人的脑子里，视觉印象比音响印象更为明晰和持久"；再次，"文学语言更增强了文字不应该有的重要

---

① 《鲁迅全集》第九卷，人民文学出版社 1982 年版，第 344 页。

② ［瑞士］费尔迪南·德·索绪尔著，高名凯译：《普通语言学教程》，商务印书馆 1980 年版，第 48 页。

③ ［瑞士］费尔迪南·德·索绪尔著，高名凯译：《普通语言学教程》，商务印书馆 1980 年版，第 51 页。

性。它有自己的辞典，自己的语法"，并最终形成自己的"正字法"，
"因此，文字成了头等重要的"；"最后，当语言和正字法发生龃龉的时
候，除语言学家以外，任何人都很难解决争端。但是因为语言学家对这
一点没有发言权，结果差不多总是书写形式占了上风，因为由它提出的
任何办法都比较容易解决。"①我们看索绪尔从逻各斯中心主义立场出发
的对"文字威望"的批评，在某种意义上恰好是对汉字这种典型的表意
体系的表扬。书写形象的永恒和稳固，视觉形象的明晰和持久，文字威
望对语言统一性的塑造和维护，尤其是文学语言如何以"头等重要"的
身份来解决文字与语言的矛盾等，表意体系的这些特征及优长，构成了
"字生文化"的文字学根基。

　　解构主义大师、后现代理论家雅克·德里达（1930—2004），其《论
文字学》解构索绪尔语言学的二分结构，认为"文字并非言语的'图画'
或'记号'，它既外在于言语又内在于言语，而这种言语本质上已经成
了文字"②，故"文字学涵盖广阔的领域"，甚至可以用文字学替代语言
学，从而"给文字理论提供机会以对付逻各斯中心主义的压抑和对语言
学的依附关系"③。逻各斯中心主义又称语音中心主义，声音使意义出
场，不同于汉字的书写使意义出场。德里达《论文字学》在批评索绪尔
对文字与言语作内外之分时指出："外在/内在，印象/现实，再现/在
场，这都是人们在勾画一门科学的范围时依靠的陈旧框架。"④我们今天
研究中华字文化，应该打破陈旧的框架，以一种跨学科的宏阔视野来说
"文"解"字"。

------

① ［瑞士］费尔迪南·德·索绪尔著，高名凯译：《普通语言学教程》，商务
印书馆1980年版，第50页。

② ［法］雅克·德里达，汪堂家译：《论文字学》，上海译文出版社1999年
版，第63页。

③ ［法］雅克·德里达著，汪堂家译：《论文字学》，上海译文出版社1999年
版，第50页。

④ ［法］雅克·德里达著，汪堂家译：《论文字学》，上海译文出版社1999年
版，第45页。

　　文字乃经艺之本，就人类轴心期文明的典型代表华夏文明而言，以"经艺"为代表的汉语元典，用一个一个的方块字(中华文化关键词或中华文化核心词)，建构起轴心期华夏文明的意义世界。中华文化是字孳字乳的文化，华夏文明是字孳字乳的文明。观念意义上的中华文化，其源起是"鸟迹代绳，文字始炳"，其元典是或"一字以褒贬"或"联章以积句"的经艺，其楷模是情见文字、采溢格言、辞尚体要、辞动天下的圣贤文章，其种类是肇于经艺、著于竹帛的所有文体。字生文化，上古汉语的方块字从起源与本原处孳乳了中华文化，孳乳了华夏文明。追问并验明文字与文化的血缘关系，揭示中华文化的"字"生性特征，可为"文化"的释名章义，为文化研究的选文定篇，为文化理论的敷理举统，乃至为文化史的原始表末，提供新的路径并开辟新的场域。

目　　录

第一章　原"止" ……………………………………………… 001

第一节　止：足趾——"止"的原始义与衍生力 ……………… 001

第二节　止：停止——"止"的基本义与辩证法 ……………… 004

第三节　止：最高准则——"止"的引申义与典范性 ………… 013

第四节　止：坚守、栖居、回归——"止"的终极义与伦理学 …… 017

第二章　"六经"皆"止"——"六经"与"止"义的生成 ……… 025

第一节　"诗"可以"止"——诗有三训，其义皆"止"也 …… 025

第二节　《书》与"止"——"安汝止"和"钦厥止" ………… 042

第三节　"礼"与"止"——从"人而有止"到"止于至善" ……… 046

第四节　"易"与"止"——"艮止"——成终成始，止生万物 … 053

第五节　"乐"与"止"——止而复始与叹为观止 …………… 057

第六节　《春秋》与"止"："获麟""麟趾"与"止笔"——史书

撰写的起与止…………………………………………… 070

第三章　先秦儒家与"止" ……………………………………… 074

第一节　"需，止慓也"榷——"止"与儒的性格塑成 ……… 074

第二节　"不可则止"——"止"与孔子的行为判断及伦理选择 …… 078

第三节　"可以止则止"——"止"与孟子的生命范式及价值

认同………………………………………………………… 083

第四节　"中声之所止"——"止"与荀子的价值标准 ………… 094

第四章　道家与"止" ·· 102

第一节　老子之"止"与"足"——"知止不殆，可以长久" ········· 102

第二节　庄子"止"学 ·· 106

第三节　"止足"之学 ·· 118

第五章　"止"与宋明理学 ·· 123

第一节　"止乃光明"——张载"止"论 ································· 123

第二节　朱熹新"止"——《大学》"止善"大义解 ····················· 140

第三节　致良知　止至善——古本《大学》

　　　　　与阳明心学的建构 ··· 162

结语——尚待经典化的"止" ··· 182

第一章　原“止”

谈及中国文化的“元关键词”，人们往往会想到“道”“文”“体”等。然而，散落在元典中的“止”字却总是默默无闻地为中国文化的诸多范畴和命题提供着画龙点睛的神来之笔，并潜在地塑造着中国文化的人格与精神。本书旨在通过阐释“止”的多重含义，彰显“止”何以能够作为中国文化的“元关键词”，并探究我们的文明与文学为什么需要“止”的精神。

第一节　止：足趾——“止”的原始义与衍生力

在殷墟甲骨、商周钟鼎上，“止”字写作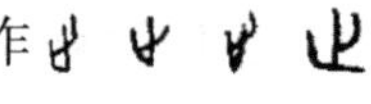等，像足趾之形，是“趾”的本字①。孙诒让先生辨析这些古老剪影的造字初旨曰：“综考金文甲文，疑古文为足止，本象足迹而有三指……金文足迹则实绘其形，甲文为，则粗具匡郭。”②于省吾先生亦云：“止字卜辞作或，商代金文作，乃‘足趾’之‘距’的象形初文。金

① 李圃主编：《古文字诂林》第二册，上海：上海教育出版社 2000 年版，第 232~235 页。按：许慎《说文解字》云：“止，下基也。象草木出而有阯。”但经孙诒让、林义光、胡光炜、柯昌济、马叙伦等众多学者考证，许说有误。“止”造字之初旨并非从草木之下基假借而来，而是像人足趾之形。

② 李圃主编：《古文字诂林》第二册，上海：上海教育出版社 2000 年版，第 234 页。

文演化作 ⊌ 。"①王筠先生将其象形描摹得更加具体："止者，趾之古文也。上象足指，下象足跟。"②徐中舒先生则将其释义为"人足"，解为"象简化之人足形"③。可见，"止"最初是象形字，且为名词，表示足、足趾、足迹等。如《易·噬嗑》"初九"爻辞："履校灭止"，《诗·豳风·七月》："四之日举止"，《仪礼·士昏礼》："皆有枕北止"，《汉书·刑法志》："当斩左止者"，《山海经·海内经》："麟身，渠股，豚止"，等等，其中的"止"均为"趾"④。

或许是从"战战兢兢，如履薄冰"（《诗经·小雅·小旻》）的生存实践中，或许是从"忽奔走以先后兮，及前王之踵武"（《离骚》）的赓续传承中，或许是从"鸟迹代绳，文字始炳"（《文心雕龙·原道》）的伟大创造中，或许是从"俯则观法于地"而又"近取诸身"（《易·系辞下》）的终极追问中，中华先民发现了并关注着足趾的重要意义，且由人的止足立定，引申出"止"的新义——停止、止息、休止，一如林义光先生所言："止本为足，引申为止息之义。"⑤作为"停止"的"止"，在甲骨卜辞中已有许多用例，如云："□□其雨，庚 ⍭"，又云："占曰雨，佳多 ⍭ 反文"，又云："□□□雨克 ⍭ 反文"，等等，皆多雨而卜其止。⑥ 可见当时"止"的引申义已不仅限于人足之"停止"，其使用已经推及其他事物上。

① 于省吾主编：《甲骨文字诂林》第一册，北京：中华书局 1996 年版，第 759 页。

② 李圃主编：《古文字诂林》第二册，上海：上海教育出版社 2000 年版，第 235 页。

③ 徐中舒：《甲骨文字典》，成都：四川辞书出版社 1989 年版，第 125 页。

④ 宗福邦、陈世铙、萧海波主编：《故训汇纂》，北京：商务印书馆 2003 年版，第 1177 页，第 2 条。

⑤ 李圃主编：《古文字诂林》第二册，上海：上海教育出版社 2004 年版，第 234 页。

⑥ 于省吾主编：《甲骨文字诂林》第一册，北京：中华书局 1996 年版，第 758~759 页。李圃主编：《古文字诂林》第二册，上海：上海教育出版社 2000 年版，第 233~234 页。

　　然而，人足原本就既可行进亦可止步，那么"止"的词义在发生引申时为何会偏向性地选择"停止"而非"行走"呢？如此引申的原因和理据是什么？试从两个方面分析。第一，对立维度——当时或已有表示行走的"行"。行，甲骨文作卄，本义为"道路"。罗振玉谓："卄，象四达之衢，人所行也"①，犹今日所言之"十字路"。"行"后来引申出"行走"义，如甲骨文有"己丑，王不行自雀□"②，"行至东河"③，"丁巳贞，小雨不行"④，"勿行"⑤，等等。可以推知，"行"字的引申理据是人在"行"上行走，正是"道路"赋予了"行"以引申之机。第二，近似维度——"止"义的匮乏。在契文时代，与"止"近义的停、终、伏、息、已等字，或者尚未出现，如停、息、已；或者意涵与"行止"之"止"有偏差，如休（从人木会意，表示人在树下歇息）、终（冬，四时尽也，卜辞用冬为终，表示结束、终结、完结；一说甲骨文冬像绳索的终端，表示终结）。因此，当"足趾"之"止"面临着引申的两种潜在可能时，它选择了"止"而隐藏了"行"。

　　"停止"之"止"的迅速流行与普遍使用似乎印证了这场引申行为的正确与合理，以至于"停止"这一新义将"止"字鹊巢鸠占，而当人们在篆文时代发现失魂落魄、无家可归的"足趾"本义正在渐渐消失时，便为它新添"足"旁、另造"趾"字，来安放这段原始的记忆。因此，对于"止"的词义而言，"止"（停止）兴而"止"（足趾）废，从"足趾"到"停止"，可以说是"止"字最初的一次重大转义。

---

　　①　李圃主编：《古文字诂林》第二册，上海：上海教育出版社 2004 年版，第542 页。

　　②　徐中舒：《甲骨文字典》，成都：四川辞书出版社 1989 年版，第 183 页。

　　③　马如森：《殷墟甲骨文实用字典》，上海：上海大学出版社 2008 年版，第51 页。

　　④　马如森：《殷墟甲骨文实用字典》，上海：上海大学出版社 2008 年版，第51 页。

　　⑤　于省吾主编：《甲骨文字诂林》第三册，北京：中华书局 1996 年版，第2228 页。

尽管"停止"成为了"止"的基本义，但"趾"的记忆和"行"的魅影却从来未曾远去，它们潜在地与"止"相对相生又相反相成，于含混的复义中共同奏成一曲隐显互彰的二重唱。譬如所有带有"行走"意涵的字几乎都打上了"止"的烙印，"止"在"辵"中、在"足"中、在"走"中，凡以它们作为偏旁部首的字，如迈、进、跑、跃、趋、赴等，其"行"义无一不是从"止"上生发出来。这意味着，"止"并非完结，"止"的使命正在于行走，惟其有所"止"，才可能创造出行者无疆的奇迹。

中华先民对庞大的"行走"语义场给予了相当的关注，对"行走"的缓急轻重、曲直难易等各种状态进行了细致的区分。"行"的充盈表征出"止"的匮乏，一往无前的进行曲呼唤着休止符的现身。因此，"止"从"趾"转义而生、寄意始出，将中华文明引领到由"行"和"止"共同构筑的时空中。在这个意义上，"止"的出现其实提出了这样一个问题：我们的文明为什么需要"止"？知止是前行的根基，一如许慎所言："止，下基也，象草木出有阯，故以止为足"①。虽然许慎的说法被后世学者证明是错误的，但他无意中却点出了"止"之于中国文化生生不息的要义——"止"是中华文明的根柢，非"止"无以致远。"止"生成于中华文明的发轫处，它默默地守护着中华文明的栉风沐雨、砥砺前行，允诺了中华文明的代代相续、日新不止，让中华文明比任何一个新邦古国都走得更加长远、更加恒久！

第二节　止：停止——"止"的基本义与辩证法

止，象足趾之形，是"趾"的本字②，表示足趾、足、足迹等。早

---

① （汉）许慎撰、（清）段玉裁注：《说文解字注》，上海：上海古籍出版社1981年版，第67页。

② 李圃主编：《古文字诂林》第二册，上海：上海教育出版社2004年版，第232—235页。按：许慎《说文解字》云："止，下基也。象草木出而有阯。"但经孙诒让、林义光、胡光炜、柯昌济、马叙伦等众多学者考证，许说有误。"止"造字之初旨并非从草木之下基假借而来，而是像人足趾之形。

在甲骨文时代，"止"便由人足的立定引申出"停止"之义，这一新义很快取代了"止"的原始记忆而最终成为"止"的基本义。

轴心时代中华文明的先哲圣贤们不约而同地从各个角度提示着时人对"止"的体验与反思。禹曰："安汝止，惟几惟康"（《尚书·夏书·益稷》），伊尹曰："钦厥止"（《尚书·商书·太甲上》），文王则穆穆然"于缉熙敬止"（《诗经·大雅·文王》）。道家尚"止"，老子说："知足不辱，知止不殆，可以长久"（《老子·四十四章》），庄子说："虚室生白，吉祥止止"（《庄子·内篇·人间世》），以虚静无为之"止"于"无止"之境中作"逍遥游"。且"篆体的'道'字，左边的义旁由'行'与'止'两部分组成，意谓在道路上行走，其常态必然是走走停停，不知止歇的行走者事实上是不存在的"①。儒家尚"止"，孔子曰："以道事君，不可则止"（《论语·先进》），孟子激赏曰："可以仕则仕，可以止则止，可以久则久，可以速则速，孔子也。"（《孟子·公孙丑上》）在"行"与"止"之间，"允执厥中"（《尚书·虞书·大禹谟》）；而"儒"的本字"需"也表示停止之义，许慎说："需，须也。遇雨不进，止须也。"②墨家尚"止"，墨子以"非攻""节用"之"止"和摩顶放踵、席不暇暖之"义行"，追逐着"利天下"的大同梦。兵家尚"止"，"武"虽意在战争，但"止"、"戈"为"武"，"以战止战"才是"武"之上者。

"止"的频繁出场表征了这样一个问题：为什么中华文化尚处于发轫期时便如此强烈地感受到"止"义？我们的文明与文学为什么需要"止"？这应当从"行—止"关系的向度上展开思考。"止"惟有相对于"行"才能获得理解，如果没有"行"作为对立面，"止"将无法构成自身的内涵。因此，"止"字的"停止"之义中原本就包含着"止"与"不止"的辩证法。正是"止"守护着中华文明的砥砺前行，允诺了中华文明的生

① 李建中：《经学视域下中国文论关键词之词根性考察》，《武汉大学学报》（人文科学版）2014年第1期。

② （汉）许慎撰、（清）段玉裁注：《说文解字注》，上海：上海古籍出版社1981年版，第574页。

生不息。

一、《易·艮》——行止之道

早在伏羲创作八卦"以通神明之德，以类万物之情"（《周易·系辞下》）时，就选取了《震》卦与《艮》卦这样一对原始的二元对立来作为世间万事万物的"词根"。《震》者，动也，以"雷"为象；《艮》者，止也，以"山"为象。可见伏羲在"仰则观象于天，俯则观法于地"的过程中，已经认定"动"与"止"是宇宙间最基本的要素之一。

当周文王将八卦敷演为六十四卦后，新的《艮》卦由两个《艮》单卦上下重叠而成，呈"兼山"之象。相传出自孔子手笔的《序卦》标明《艮》在易卦序列和宇宙模型中的位置曰："《震》者，动也。物不可以终动，止之，故受之以《艮》。《艮》者，止也。物不可以终止，故受之以《渐》。《渐》者，进也……"无穷动呼唤着休止符的现身，休止符又再引出进行曲———一切都在由"行"和"止"共同构成的线性向度与对偶关系上展开。这意味着，"止"并非完结或断裂，它既是终点又是起点，非"止"无以致远。所以《说卦》有："艮……万物之所成终而所成始也……终万物始万物者莫盛乎艮。"换言之，"止"从根本上具有一种"终始万物"的"根性"与双关状态，一如程子所反复强调的那样："止也，生也。止则便生，不止则不生。（小字注：《艮》，始终万物）"①，"《艮》之为义，终万物，始万物，此理最妙，须玩索这个理"②。

孔子既将"止"纳入宇宙文明的图景，又在《象传》中阐释道："《艮》，止也。时止则止，时行则行，动静不失其时，其道光明。艮其止（一作"北"，意为"背"），止其所也。"朱熹论云："艮之义则止也。

---

① （宋）程颢、程颐：《河南程氏遗书》卷六，《二程集》，王孝鱼点校，北京：中华书局 2004 年版，第 87 页。

② （宋）程颢、程颐：《河南程氏遗书》卷二上，《二程集》，王孝鱼点校，北京：中华书局 2004 年版，第 39 页。

然行止各有其时，故时止而止，止也；时行而行，亦止也。"①杨简亦谓："善止者行，善行者止。知止而不行者，实不知止；知行而不知止者，实不知行。"②王夫之解曰："此通论行止之道……皆由乎心之一动一静，而为行为止，行而不爽其止之正，止而不塞其行之几。"③都是用"行"与"止"的辩证法来阐发"艮止"大义。

　　宋代以后，《艮》卦更是备受重视，对"艮止"之义的挖掘与阐发亦成为了宋明儒学家建构心性之学的思想资源。例如周敦颐曰："一部《法华经》，只消一个《艮》卦可了。"④程颐亦云："看一部《华严经》，不如看一《艮》卦(小字注：经只言一'止观')。"⑤杨简则云："《艮》之道，即《易》之道。"⑥明代的黄绾更是将"艮止"视为"圣学"之本，并以此来改造"心学"，他说："吾学之要，在于知止。'止'字之义，本于《易》之《艮》。《艮》之义，原于伏羲、文王，而发于孔子。孔子曰：'艮其止，止其所也。'止其所，则气理兼备，体用俱全，圣学之本在此矣。"⑦又云："圣人传心之学，始于伏羲八卦之艮。艮而重之，内艮之止，心也；外艮之止，背也……此文王明伏羲重艮之义。"⑧

　　可见在宋明儒学的阐述与发挥中，"艮止"之义已经俨然超越《乾》《坤》二卦而成为中国文化精髓的某种代表。的确，《乾》卦"上九"之

---

　　①　(宋)朱熹：《周易本义》，苏勇校注，北京：北京大学出版社1992年版，第105页。

　　②　(宋)杨简：《杨氏易传》，上海：上海古籍出版社1990年版，第178页。

　　③　(清)王夫之：《周易内传》，李一忻点校，北京：九州出版社2004年版，第334页。

　　④　(宋)程颢、程颐：《河南程氏遗书》卷十，《二程集》，王孝鱼点校，北京：中华书局2004年版，第408页。

　　⑤　(宋)程颢、程颐：《河南程氏遗书》卷六，《二程集》，王孝鱼点校，北京：中华书局2004年版，第81页。

　　⑥　(宋)杨简：《己易》，《杨简遗书》卷七，(民国)张寿镛约园刊本。

　　⑦　(明)黄绾：《明道编》，刘厚祜、张岂之标点，北京：中华书局1983年版，第2页。

　　⑧　(明)黄绾：《明道编》，刘厚祜、张岂之标点，北京：中华书局1983年版，第3页。

"亢龙有悔"正因其不"知止"。恰如黄绾所言:"《易》之微言,莫要于艮止"①,整部《周易》实在都已经概括于《艮》卦的"行止之道"中了。

二、"文"——明以止

《周易·贲卦·象传》曰:"文,明以止,人文也。"《贲》卦用"山下有火"的卦象表征出"文"既要"明"又要"止"的意涵。

《老子》的一段话无意中恰好对"文明以止"作出了解释。《老子·三十二章》云:

> 道常无名朴。虽小,天下莫能臣。侯王若能守之,万物将自宾。天地相合,以降甘露,民莫之令而自均。始制有名,名亦既有,夫亦将知止,知止可以不殆。

当宇宙还处于混沌"无名"的"素朴"状态时,"文明"尚未发轫;而"始制有名"即是"人文"的创制——从人类的命名行为到制礼作乐的"郁郁乎文哉",一切都点燃了"文明"的火种。可是"文明"若不"知止",若不被限制在"山"之下,那么,文明之火终将演变成一场灾难,人类终将殆矣。因此老子说"知止可以不殆",是为"不止"之"止"。

庄子更以一种戏谑而严肃的方式呼应着这一主张。在庄子精心设计的寓言中,当子贡问一个将为圃畦的丈人为什么不用机械取水时:"为圃者忿然作色而笑曰:'吾闻之吾师,有机械者必有机事,有机事者必有机心。机心存于胸中,则纯白不备。纯白不备,则神生不定。神生不定者,道之所不载也。吾非不知,羞而不为也。'"(《庄子·外篇·天地》)如果说机械是科技文明的突出代表,那么庄子则最先嗅到了其中的危机。庄子预言了两千年后人类文明的境况——从十八世纪开始,机

---

① (明)黄绾:《明道编》,刘厚祜、张岂之标点,北京:中华书局1983年版,第1页。

器的灾难跟着它所能带来的便利一起吞噬着人类，直到如今也依然如此。当人们因伴随现代文明而来的雾霾、被电子屏幕绑架的人际关系、道德沦丧、物欲泛滥、战争、疾病、食品安全等问题而扼腕哀叹时，不禁想起那个主张逃脱一切文明、回归最原始自然人性的遥远声音。这个声音和西方近现代思想家、艺术家的对工业文明的批判有着异曲同工之妙，当他们发现人性在机器之下发生着异化，托克维尔如是说："从这污秽的排水沟里流出了人类工业的最大巨流，浇肥了整个世界；从这肮脏的下水道里流出了黄灿灿的纯金。在这里，人性得到了最完全的，也是最残暴的发展；在这里，文明表现了它的奇迹，文明的人几乎变成了野人。"①马尔库塞说："集中营、大屠杀、世界大战和原子弹这些东西都不是向'野蛮状态的倒退'，而是现代科学技术和统治成就的自然结果。况且，人对人的最有效的征服和摧残恰恰发生在文明之巅，恰恰发生在人类的物质和精神成就仿佛可以使人建立一个真正自由的时刻。"②这些声音所控诉的，实际上正是文明的不知"止"、无所"止"，没有适可而止。无论是卢梭的"回到自然"，还是从荷尔德林到海德格尔的"人，诗意的栖居"，其思想内核，无一不关涉"止"。诗意地栖止，更表明其止得其所，并去完成席勒所向往的"完美的人性"。

可以说，"山下有火"是轴心时代中华文明的一幅肖像，它以"知止"的反思避免了悲剧性的停顿或终止，允诺了生生不息的砥砺前行。在这个意义上，"止"是文明的图腾。

更进一步，具体到文学上，《贲卦》之"白贲"还包含着重要的美学思想。其"上九"爻辞曰："白贲，无咎。"贲，原本是文采斐然的修饰；白贲，则是"绚烂之极，归于平淡"。朱熹云："贲极反本，复于无色，

---

① 转引自[英]阿伦·布洛克：《西方人文主义传统》，董乐山译，北京：三联书店，1997年版，第133页。
② [美]赫伯特·马尔库塞：《爱欲与文明：对弗洛伊德思想的哲学探讨》，黄勇、薛民译，上海：上海译文出版社1987年版，导言：第18~19页。

善补过矣。"①这无疑也是一种"止"——在文饰上有所"止",才是本色之美的最高显现。刘勰《文心雕龙·情采》亦云:"是以衣锦褧衣,恶文太章,贲象穷白,贵乎反本。"宗白华先生说:"最高的美,应该是本色的美,就是白贲……白贲,从欣赏美到超越美,所以是一种扬弃的境界。"②而这一境界,正始于有所"止"。

三、"道"——在"行"与"止"之间

"道"是中国文化与文论的终极词。

甲骨文有"行"而无"道",表示"道路"。据笔者考察,远在春秋战国时期之前,当"道"字还没有得到普遍使用而先民又需要表达如今的"道"字所承载的那些含义时,往往使用"行"字。

以《周易》为例,《周易》的"经—传"结构将便于我们的考察。

在《周易》的"经"部分中,"道"仅仅出现 4 次,并且都只表示它的原始本义——道路,与"行"同义:

①《小畜》卦,"九二"爻辞:复自道,何其咎,吉。
②《履》卦,"九二"爻辞:履道坦坦,幽人贞吉。
③《随》卦,"九四"爻辞:有孚在道,以明,何咎。
④《复》卦,卦辞:反复其道,七日来复。

而在《周易》的"传"部分中,"道"字却大量出现,并开始表达"规律""法则"等含义。可以推想,到了战国时代,尤其是《道德经》一书问世后,"道"字的使用已经普及。

---

① (宋)朱熹:《周易本义》,苏勇校注,北京:北京大学出版社 1992 年版,第 34 页。
② 宗白华:《美学散步》,上海:上海人民出版社 2005 年版,第 78 页。

我们可以尝试着还原其间由"行"到"道"的过渡环节。在《易传》中，有这样一些复合词，例如：

"天行"：

《周易·乾卦·象传》："天行健，君子以自强不息。"（《坤卦·象传》："地势坤，君子以厚德载物。"）

《蛊卦·象传》："终则有始，天行也。"

《剥卦·象传》："君子尚消息盈虚，天行也。"

《复卦·象传》："反复其道，七日来复，天行也。"

"乾行"：

《周易·同人卦·象传》："《同人》曰：'同人于野，亨。利涉大川。'乾行也。"

这些语句中的"行"都表示后来"道"所表达的含义，"天行"即"天道"，"乾行"即"乾道"。（"地势坤"其实也可以理解为"地道坤"）

在《易传》中，也有"天道"（或"天之道"）一词的直接出场，例如：

《谦卦·象传》："谦亨，天道下济而光明，地道卑而上行。天道亏盈而益谦，地道变盈而流谦。"

《系辞·下》："《易》之为书也，广大悉备。有天道焉，有人道焉，有地道焉。"

《临卦·象》："临，刚浸而长，说而顺，刚中而应，大亨以正，天之道也。"

《系辞·上》："是以明天之道，而察于民之故。"

《说卦》："是以立天之道，曰阴与阳；立地之道，曰柔与刚；立人之道，曰仁与义。"

由此可以看到"行"与"道"字的"交接"过程，可以看到意义的转移。那时的人们需要表达"规律""法则"等含义时，时而用"行"，时而用"道"。

那么，为什么"规律""法则"等终极义最后会完全由"行"字转移到"道"字上呢？可能是因为先民发现"行"字并不足以承担如此丰富深沉的意涵。所以人们在"行"字的基础上又加入了新的义素，最终生成"道"字。

从"行"到"道"，其间经过了两个步骤：

第一，加入"首"——方向性。"道"字最早出现在西周早期的铜器"貉子卣"上，写作：🦌（衜），由"行"和"首"两部分构成。"行"在甲骨文中写作 𣥂，罗振玉《殷墟书契考释》曰："象四达之衢，人之所行也。""首"即"头"，首之所向代表了一种方向性、指引性，正如《广雅·释诂》所云："面、首，向也"，王念孙《广雅疏证》所释："面向为面，首向为首"。许慎《说文解字》曰："一达谓之道。"①"行"是"四达"，"道"是"一达"，"道"排除了十字路口的迷茫与徘徊。可见中华先民在生存实践中发现只有具有特定方向性的路才是"道"，因而在"行"字中加入了"首"。

第二，加入"止"。到了西周晚期，铜器"散氏盘"上的"道"字写作：🦌，由"行""首""止"三部分构成。这意味着，中华先民发现"道"不仅要有方向性，还要知道"停止"，即人不能一味地行走。

因而，只有当加入了"止"义之后，"道"字才完成了自身的内涵。"道"蕴含着轴心时代中华文明对"止"的体验，并一直贯穿于中国文化的绵邈时空中。

---

① （汉）许慎撰、（清）段玉裁注：《说文解字注》，上海：上海古籍出版社1981年版，第75页。

第三节 止：最高准则——"止"的引申义与典范性

"止"划分了"行"与"止"的界限，并处在边沿之上。它代表了一种"度"，代表一种"最高准则"。

一、"诗"——止乎礼义

诗有三训，志、持、承也。范文澜先生在注解《文心雕龙·明诗》时引孔颖达《诗谱序正义》云："名为诗者，《内则》说负子之礼云：'诗负之。'注云：'诗之言承也。'《春秋说题辞》云：'诗之为言志也。'《诗纬·含神雾》云：'诗者，持也。'然则，诗有三训：承也，志也，持也。作者承君政之善恶，述己志而作诗，为诗所以持人之行，使不失队（坠），故一名而三训也。"①其实"三训"之中，"志"和"持"都含有"止"字与"止"义。

《今文尚书·尧典》载舜曰："诗言志，歌永言，声依永，律和声；八音克谐，无相夺伦，神人以和。"在这段被后人视为"开山纲领"的"圣训"中，"诗"与"志"先天地联系在了一起。此后，随着《诗》时代的来临以及《诗》对"诗"的替换，这一联系通过各种方式一再被强调，如"献诗陈志""赋诗言志""教诗明志"等，以至于到了汉代，人们已经直训"诗"为"志"，如许慎释曰："诗，志也。从言，寺声。"②闻一多先生《歌与诗》更以诗人所特有的遐思将"诗"的原初意蕴娓娓道来：

> 志字从 ❦。卜辞 ❦ 作 ❦，从"止"下"一"，象人足停止在地
>
> 上，所以 ❦ 本训停止……志从 ❦ 从心，本义是停止在心上。停在

---

① 范文澜：《文心雕龙注》，北京：人民文学出版社 1962 年版，第 68～69 页。

② （汉）许慎撰、（清）段玉裁注：《说文解字注》，上海：上海古籍出版社 1981 年版，第 90 页。

心上亦可说是藏在心里，故《荀子·解蔽篇》曰"志也者臧（藏）也"，《注》曰"在心为志"，正谓藏在心，《诗序》疏曰"蕴藏在心谓之为志"，最为确诂。藏在心即记忆……诗字训志最初正指记诵而言。①

可以看到，闻一多先生实际上是从"止"字出发来"证明志与诗原来是一个字"并论证志的三个意义（记忆、记录、怀抱）正代表诗的三个主要发展阶段的②。那么，作为"诗"的"志"为什么需要"止"？《毛诗序》云："诗者，志之所之也，在心为志，发言为诗。"这里的"志"，并不是情感、思想、意趣或怀抱的原始状态，而是需要经过一个诸如刘勰所说的"郁陶""志思蓄愤"（《文心雕龙·情采》）、李贽所说的"蓄极积久"（《焚书·杂说》）的过程，然后方才不吐不快，言之不足，以至于手之舞之足之蹈之。所以，正因这个有所"止"的志，才会有诗之兴发。

刘勰《文心雕龙·明诗》："诗者，持也，持人情性。三百之蔽，义归'无邪'，持之为训，有符焉尔。"从字形来看，"诗"和"持"字右边的"寺"篆文作岺，上"止"下"寸"（手）。因而，"诗"字和"持"字也先天地含有"止"义。更进一步，"持"何以"止"？《论语·八佾》载孔子曰："《关雎》，乐而不淫，哀而不伤。"朱熹注："淫者，乐之过而失其正者也；伤者，哀之过而害于和者也。"③过度即为不知止。《春秋左氏传·昭公十二年》记子革对楚灵王云："昔穆王欲肆其心，周行天下，将皆必有车辙马迹焉。祭公谋父作《祈招》之诗以止王心，王是以获没于祇宫。"由"肆"到"止"，这正是献诗陈志的功用。《春秋左氏传·文公六年》："秦伯任好卒，以子车氏之三子奄息、仲行、针虎为殉，皆秦之

---

① 闻一多：《歌与诗》，《闻一多全集》第十册，武汉：湖北人民出版社 1993 年版，第 8~9 页。

② 闻一多：《歌与诗》，《闻一多全集》第十册，武汉：湖北人民出版社 1993 年版，第 8 页。

③ 朱熹：《四书章句集注》，北京：中华书局 1983 年版，第 66 页。

良也。国人哀之，为之赋《黄鸟》。"《诗·秦风·黄鸟》则以"交交黄鸟"之"止于棘""止于桑""止于楚"的一唱三叹，来反衬、讽谏秦穆公的无所"止"。不必再列举"诗"之"止"，一切皆如孔子所下的判语："《诗》三百，一言以蔽之，曰：'思无邪。'"（《论语·为政》）何晏引苞氏注"无邪"曰："归于正也。"①"无邪"即"止"得恰到好处、不偏不倚，没有"过"也没有"不及"。

孔颖达云："在己为情，情动为志，情、志一也。"②汉人又每每训"志"为"意"。因此总的来说，"诗发乎情"，即是"诗言志"，将"止"于心上的"志"（意、情）吟咏出来，而"这种志，这种怀抱是与'礼'分不开的，也就是与政治、教化分不开的"③；"止乎礼义"即是"持"，要"知止"，要"无邪"。

在这个意义上，"礼义"不仅是"诗"之"止"处，更是"诗"的最高准则。

二、"乐"——叹为观止

《春秋左氏传·襄公二十九年》载吴公子季札于鲁国观乐，其最末有："见舞《韶箾》者，曰：'德至矣哉，大矣！如天之无不帱也，如地之无不载也！虽甚盛德，其蔑以加于此矣。观止矣！若有他乐，吾不敢请已！'"杨伯峻先生解曰："尽善尽美至于最大限度，故曰观止。"④可见观乐之止并非任意为之，也不是"自郐以下无讥焉"，而是止于尽善尽美的最高准则，有一种"高山仰止，景行行止"（《诗经·小雅·车辖》）的意味。从"美哉，犹有憾"的周文王乐舞《象箾》《南籥》，到"圣

---

①　（三国·魏）何晏集解、（南朝·梁）皇侃义疏：《论语集解义疏》，北京：中华书局1985年版，第14页。

②　（晋）杜预注、（唐）孔颖达正义：《春秋左传正义》，浦卫忠、龚抗云、于振波整理，胡遂、陈咏明、杨向奎审定，北京：北京大学出版社1999年版，第1455页。

③　朱自清：《诗言志辨》，南京：凤凰出版社2008年版，第9页。

④　杨伯峻：《春秋左传注》，北京：中华书局1995年版，第1165页。

人犹有惭德"的殷商乐舞《大濩》，再到"美哉，勤而不自以为德"的大禹乐舞《大夏》，最后到"德至矣哉"的虞舜乐舞《韶簘》，随着历史时间的上溯，与政相通的声音之道在"观"字所标举的通感联觉之中，展现出审美与伦理交互映摄的图景，展现出不减损"美"的情况下"善"的递增，直至尽善尽美，叹为观止。在这里，"止"犹如"玉振"之后最终的休止符，让一种不可企及的高度在永恒绵邈的时空中定格，而其悠长的余韵则成为评价一切的原始坐标。后来清代有《古文观止》，同样也是提示一种"虽不能至，心向往之"的典范性。至如孔子《春秋》止于获麟，司马迁《史记》亦止于获麟，更是对最高准则的一种摹仿。

三、"言"——止于达意

当在书信中和谢民师探讨文学创作时，苏轼用水的行止来表征诗文意脉的伸展与顿宕，他说："所示书教及赋杂文，观之熟矣。大略如行云流水，初无定质，但常行于所当行，常止于所不可不止，文理自然，姿态横生。"①诗文的气韵生动、清便婉转，绝非仅仅来源于言辞的一味铺衍流行，反而是笔墨的有所休止，才成就了诗文的意旨遥深。所谓言不到处意到，言止处而意不止，正是语言的当止，最终构成了意脉的自然流转、漫自低回，构成了文理的姿态万千，构成了韵外之致的境界。在这个意义上，探讨言之行止，实际上就是在探讨言意关系，所以东坡紧接着又说："孔子曰：'言之不文，行而不远。'又曰：'辞达而已矣。'夫言止于达意，即疑若不文，是大不然。求物之妙，如系风捕影，能使是物了然于心者，盖千万人而不一遇也，而况能使了然于口与手者乎？是之谓辞达。辞至于能达，则文不可胜用矣。"②借由孔子的分别载于《春秋左氏传·襄公二十五年》和《论语·卫灵公》的两个命题，东坡引

---

① （宋）苏轼：《答谢民师书》，《经进东坡文集事略》下册卷第四十六，（宋）郎晔选注、庞石帚校订，北京：文学古籍刊行社1957年版，第779~780页。

② （宋）苏轼：《答谢民师书》，《经进东坡文集事略》下册卷第四十六，（宋）郎晔选注、庞石帚校订，北京：文学古籍刊行社1957年版，第780页。

出了语言的吊诡。如何解决这个难题？止！东坡提出"夫言止于达意"，通过"止"从而将"达意"作为"言"的最高标准。什么是"达意"？即不仅能"以意称物"，更能精准生动地"以文逮意"，恰到好处地形诸口笔。言之"行于所当行，止于所不可不止"，皆以"达意"作为至上原则；意胜言则野，言胜意则史，言止于达意，则言有尽而意无穷矣！如果说对言意关系的探讨是几千年中国古典文论史的核心线索，那么"止"字或许正是其关键，它鲜明地凸显着中国文论乃至文化的思维方式：唯言有所止，意方能于言外无穷。一如刘勰所说："思表纤旨，文外曲致，言所不追，笔固知止。"（《文心雕龙·神思》）

第四节　止：坚守、栖居、回归——"止"的终极义与伦理学

东汉许慎曰："止，下基也，象草木出有阯，故以止为足。"①虽然许慎的阐释被后世学者证明并非为"止"的原始义，却无意中点出了"止"的某种"根性"②。可以说，"止"是人的根柢，非"止"无以致远。

---

①　（汉）许慎撰、（清）段玉裁注：《说文解字注》，上海：上海古籍出版社1981年版，第67页。

②　另外，在八卦中，"艮"卦义为"止"。艮，从"匕""目"会意，"匕"即"人"之反文，故"艮"象目在背后，表示回望反顾。唐兰先生指出："艮为見之变，見为前视，艮为回顾。"（李圃主编：《古文字诂林》第七册，上海：上海教育出版社2002年版，第467页。）可以推见，当行走之时，停步回望，止足还顾，审视过往的足迹，思考未来的前行，这或许就是"艮"与"止"的深层关联所在。在上海博物馆藏战国楚竹书《易经》也就是迄今所能见到的《周易》本经的最早写本中，"艮"字写作✍（马承源主编：《上海博物馆藏战国楚竹书》三，上海：上海古籍出版社2003年版，第60~61页）；而在马王堆汉墓帛书《易经》亦即目前发现的次早写本中，"艮"字则皆作"根"（李守奎、曲冰、孙伟龙编著：《上海博物馆藏战国楚竹书》一至五文字编，北京：作家出版社2007年版，第401页按语）。从"艮"到"根"，可见"止"（趾）参与了其意义的引申与塑造。王力先生指出，根、跟二字为同源词。（王力：《同源字典》，北京：商务印书馆1982年版，第82~83页）它们或许都由"艮"字孳乳而出，都带有"止"义。所以，"根"和"止"有一种内在的联系。"止"表征着一种"根性"。

一、"止"——人的本质规定性

《诗·鄘风·相鼠》有：

> 相鼠有皮，人而无仪！人而无仪，不死何为？
>
> 相鼠有齿，人而无止！人而无止，不死何俟？
>
> 相鼠有体，人而无礼！人而无礼，胡不遄死？

在"止"与"礼""仪"的对位中，可以看出三者意义的相通；而在"人"与"相鼠""死"的对位中，又可看出"止"乃是人之所以为人的、区别于动物的最本质规定性，人一旦"无止"，便不能称其为人了。

《大学》亦有：

> 《诗》云："邦畿千里，惟民所止。"《诗》云："缗蛮黄鸟，止于丘隅。"子曰："于止，知其所止，可以人而不如鸟乎？"

从孔子对《诗》中带"止"字诗句的阐释可以看出，"知其所止"正是孔子心目中人的本质，是人的存在的认同与确证。

在这个意义上，"止"即是人的本质规定性，是人性的根本，是人超出其自然属性、动物属性之处。而其反面，则是对人性的疏离和违背，也是一种异化。雷蒙·威廉斯在阐释 Alienation（异化、疏离）时说它"意指人被视为与他们原来的本性产生疏离，甚至完全被切断"①；并且指出了一个普遍的观念，即"由于人类文明（Civilization）的发展，人类丧失了他们原始的本性……人类要克服其与原始本性产生的疏离，不是主动回到原始的本性，就是对文明的压迫产生抗压性，甚至是去对

————————

① ［英］雷蒙·威廉斯：《关键词：文化与社会的词汇》，刘建基译，北京：三联书店 2005 年版，第 5 页。

抗它……就某一个角度来说，疏离是文明发展所必须付出的代价"①。换言之，人类文明的发展在"行"与"止"之间保持着一种带有悲剧性的张力。早在中华文明的发轫期，庄子已发出抗议"不知止"的呐喊，他说："夫弓弩毕弋机变之知多，则鸟乱于上矣。钩饵网罟罾笱之知多，则鱼乱于水矣。削格罗落罝罘之知多，则兽乱于泽矣。"(《庄子·胠箧》)面对诸如"无耻者富，多信者显""以强凌弱，以众暴寡"(《庄子·盗跖》)之类怵目惊心的罪恶与苦难，庄子要求"不物于物"(《庄子·山木》)，抗议"人为物役"。上承老子的"绝圣弃智""绝巧弃利"(《老子·十九章》)，庄子主张"堕肢体，黜聪明，离形去知，同于大通。"(《庄子·大宗师》)这是庄子对文明发展进程的深沉反思，是对"不知止"的质问。一如李泽厚先生所言："这很可能是世界思想史上最早的反异化的呼声，它产生在文明的发轫期……历史上好些批判近代文明的浪漫派思想家们，从卢梭到现代浪漫派……认为'回到自然'才是恢复或解放'人性'。比起他们来，庄子应该算是最早也最彻底的一位。"②而实际上庄子反异化的实质和关键，即正在于"止"。

如果说"止"是人性的根本依据，"不止"是一种异化和疏离，那么"止"需要通过"返归"来达到。老子曰："夫物芸芸，各复归其根，归根曰静，是曰复命，复命曰常，知常曰明"(《老子·十六章》)"复归其根"，这是万事万物的一种归宿，提示着人们应该知止知返，回归最原初的本性。

二、止于至善

"止"不仅意味着"停止"，更意味着一份"坚守"与"栖居"。因为"止"不是被迫停止，而是止得其所，安其所止。

---

① [英]雷蒙·威廉斯：《关键词：文化与社会的词汇》，刘建基译，北京：三联书店 2005 年版，第 6 页。

② 李泽厚：《中国古代思想史论》，北京：人民出版社 1985 年版，第 179~180 页。

《大学》开篇便有：

> 大学之道，在明明德，在亲民，在止于至善。知止而后有定，定而后能静，静而后能安，安而后能虑，虑而后能得。物有本末，事有终始，知所先后，则近道矣。

东汉郑玄注曰："止，犹自处也。"①这一影响深远的早期经典注本简洁而清晰地呈示出，"止"无关外在的界限，而是返归自我，反躬内省，求之于己，直指内心的安顿与自持。至于宋代，朱熹将《大学》列为"四书"之首又独标纲目，则释曰："止者，必至于是而不迁之意。至善，则事理当然之极也。言明明德、新民，皆当止于至善之地而不迁。盖必其有以尽夫天理之极，而无一毫人欲之私也……止者，所当止之地，即至善之所在也……得，谓得其所止。"②朱子还指出，"有不务明其明德，而徒以政教法度为足以新民者；又有爱身独善，自谓足以明其明德，而不屑乎新民者；又有略知二者之当务，顾乃安于小成，狃于近利，而不求止于至善之所在者"，实皆谬矣。③ 朱子以寥寥数语道出了"止"字内在的张力："必至于是"表明心向往之、非至不止之精神，绝不囿于小成、近利与私欲；"不迁"则更昭示一份崇高的坚守。可见这里的"止"，是不舍之行与不迁之止共同构成的重唱，展现出安其所止的坚忍与坦然。随后，朱子又发挥周子二程之旨，以"天理"阐释"至善"，并点出"至善"全然不同于"独善"（《孟子·尽心上》有"穷则独善其身"）。更进一步，"至善"实则亦不同于老子的"上善若水"（《老子·八章》），不同于康德《实践理性批判》里的"最高善"，不同于基督上帝

---

① （汉）郑玄注、（唐）孔颖达疏：《礼记正义》，龚抗云整理，王文锦审定，北京：北京大学出版社 2000 年版，第 1859 页。
② 朱熹：《四书章句集注》，北京：中华书局 1983 年版，第 3 页。
③ 朱熹：《大学或问》，《朱子全书》第六册，朱杰人、严佐之、刘永翔主编，上海：上海古籍出版社 2002 年版，第 509 页。

的"全善"，不同于牟宗三先生提出的"圆善"（《圆善论》）。而之所以会有这种不同，其根源正在于"止"：知止于其所当止，并得其所止，即是臻于至善；至善因"止"才能得到发明。可以说，朱子将"止"和"至善"从本质上联系了起来，由"知止"到"止于至善"，"止"既是最初的起点，也是最终的归宿。爰及明代王阳明，更倡复古本《大学》，标举"心学"，认为至善"即所谓良知也"①，并强调"至善之在吾心，而不假于外求"②。因之，"止"是一个内求于吾心的过程；是良知的明觉发现之后，最高本体与道德意识的敞开和昭示；是止"私心"止"物欲"之后，如"暗室一炬"般的"吾心光明"；是"以天地万物为一体"的伦理境界。

在这个意义上，"止"的不可企及处就在于反求诸己，坚守至善，"必至于是而不迁"。它是人心和良心的安顿与归宿，是人的终极目标与最高认同。

如果说《大学》通过"止"将"真"（"知"）和"善"贯通起来，那么在孔子这里，"止于至善"更与"美"相提并论，成为评价文学艺术作品的最高伦理标准。《论语》载：

> 子谓《韶》："尽美矣，又尽善也。"谓《武》："尽美矣，未尽善也。"（《论语·八佾》）

对于孔子并未作出解释的这一论断，较早注解《论语》的西汉经学大师孔安国如是说："《韶》，舜乐名也，谓以圣德受禅，故曰尽善也。《武》，武王乐也，以征伐取天下，故曰未尽善也。"③后来朱熹亦云：

---

① （明）王守仁：《大学问》，《王阳明全集》卷二十六续编一，上海：世界书局1936年版，第471页。

② （明）王守仁：《大学问》，《王阳明全集》卷二十六续编一，上海：世界书局1936年版，第471页。

③ （三国·魏）何晏集解、（南朝·梁）黄侃义疏：《论语集解义疏》卷二，北京：中华书局1985年版，第43页。

"美者，声容之盛。善者，美之实也。舜绍尧致治，武王伐纣救民，其功一也，故其乐皆尽美。然舜之德，性之也，又以揖逊而有天下；武王之德，反之也，又以征诛而得天下，故其实有不同者。程子曰：'成汤放桀，惟有惭德，武王亦然，故未尽善。'"①由此可推知，在孔子心目中，《武》之所以不如《韶》，之所以"未尽善"，或许正因为周武王未能"止戈"。更进一步，武王之所以谥"武"，恰恰因其不得不"以戈止戈""以战止战"，而从"武"字本身这一充满张力的复义结构中所呈现出来的，也恰恰是"以戈止戈""以战止战"给人们带来的悲剧性的二律背反。因此，乐舞之美并不仅仅在于声容之盛，更在于是否能够臻于"至善"。在这个意义上，"止戈"这一伦理行为与文学艺术作品的审美价值紧密联系在了一起，成为评价文学艺术作品的最高伦理标准。善和美在"止戈"所表达的伦理诉求中融为一体，生成一种至善、尽美的艺术极境。

三、仁者乐山

从《周易》开始，"止"与"山"的原始联系便内在地生成了。孔子又曰："仁者乐山。"（《论语·雍也》）因而"山"的伦理义亦已奠定。

宋代大儒程颐在解释《艮》卦时说："艮者，止也。不曰止者，艮山之象，有安重坚实之意，非止义可尽也。乾坤之交，三索而成艮，一阳居二阴之上。阳动而上进之物，既至于上则止矣。阴者静也，上止而下静，故为艮也。然则与畜止之义何异？曰：畜止者，制畜之义，力止之也；艮止者，安止之义，止其所也。"②程颐从"艮山之象"中看到了"安重坚实之意"。《艮》卦之"止"之所以和《畜》卦之"止"不同，就在于"畜止"乃是力强而至，"艮止"则是"安止"，是安其所止，是一份对"仁"、对"善"的安稳的固守与坚持，如山一般坚定不移、岿然不动。

在这个意义上，"止于至善"可以说具有儒学本体论的意味，指向

---

① 朱熹：《四书章句集注》，北京：中华书局 1983 年版，第 68~69 页。

② （宋）程颢、程颐：《周易程氏传》卷四，《二程集》，王孝鱼点校，北京：中华书局 2004 年版，第 967~968 页。

人的安身立命的终极关怀。《周易·艮卦·象传》曰："《艮》，止也。时止则止，时行则行，动静不失其时，其道光明。"宋代理学家张载亦由此引申出"止"有"光明"之义："定然后始有光明，若常移易不定，何求光明？易大抵以艮为止，止乃光明。故《大学》定而至于能虑，人心多则无由光明。"[1]"止"的这份光明照亮了人的存在的本体，使得"至善"的境界得以敞开和显现。也正是在这个意义上，"（艮）止"有"始终成物之义"[2]，可以终万物、始万物、成万物。

如果说儒家的"止"是用"山"来象征的，那么道家的"止"则是用"水"来表现的。庄子曰："人莫鉴于流水，而鉴于止水。唯止能止众止。"（《庄子·内篇·德充符》）郭象注："夫止水之致鉴者，非为止以求鉴也……动而为之，则不能居众物之止。"[3]这是一种虚静无为的智慧，比喻人若忘怀虚寂，则能容止群生，众自归聚。"鉴"并非一般的镜子或临照，而是含有"前车之鉴""殷鉴未远""以人为鉴"般的深刻道理与人生智慧。可以说，庄子从单向度的、逝者如斯的流水中，看到了"止"，看到了"道"，由此，"鉴止"获得了"观道"的内涵。佛教也讲"止观"，指的是达于无念无想的寂静状态，并直观觉照一切名色法的本质。其中，"止"即梵语 samatha，是禅定的修行法门；"观"即梵语 vipassanà，译"毗钵舍那"，是智慧的修行法门。这似乎和道家殊途同归。慧能《菩提偈》唱道："菩提本无树，明镜亦非台。本来无一物，何处惹尘埃。"心如止水般澄净，方能明心见性，自证菩提，于"止"中观自在、观一切。刘禹锡更将这种领悟落实到了人间，他吟咏道："心如止水鉴常明，见尽人间万物情。"（《和仆射牛相公寓言二首》）老子也讲

---

[1] 张载：《横渠易说》，《张载集》，章锡琛点校，北京：中华书局 1978 年版，第 117 页。

[2] （清）黄宗羲等：《宋元学案》卷十一，北京：中华书局 1986 年版，第 494 页。

[3] （清）郭庆藩：《庄子集释》，王孝鱼点校，北京：中华书局 1985 年版，第 193～194 页。

"上善若水"，认为"水善利万物而不争，处众人之所恶，故几于道"（《老子·八章》），将"水"作为"道"的象征。此善之"最上"，恰恰因其"卑下"而得以成就。这种"夫唯不争，故天下莫能与之争"（《老子·二十二章》）、"无为而无不为"（《老子·三十七章》）的辩证法，正包含着"止"与"不止"的复调。

子曰："知者乐水，仁者乐山；知者动，仁者静；知者乐，仁者寿。"（《论语·雍也》）然则，无论"知"或"仁"，无论是"知止其所不知，至矣"（《庄子·内篇·齐物论》），还是"知止而后有定"的安重坚实，总体现出一种有所"止"的从容与宁静，即便行到山尽水穷处，依然坐看云起，谈笑无还期。

概而言之，中华文明和中国文学都是在由山和水、止和行所共同构成的道德理想图景上展开的。"止"塑造了中国文学的性格，也道出了中国文化的精髓与命脉。它所表达的不仅仅是"度"或者"节"抑或"和"，更是一种对"止于至善"的终极追求。儒家的"中庸"，道家的"无为"，墨家的"非攻"，兵家之"武"的"止戈"，从"道""文"到"诗""乐""言"再到"人""至善"……一切都蕴藏着"止"的意涵，亦传续着一脉独特的基因，并在交光互摄中共同辉映出一部有所"止"的大文明！

第二章 "六经"皆"止"——"六经"与"止"义的生成

"六经"可谓是"止"义生成的源头，其中涉及"止"的话语在后世不仅得到反复阐释与引申，而后人在提出新的观念时往往也回归到"六经"来寻找思想和话语资源，如《大学》援引《诗》《书》自释"止于至善"之"止"，宋儒则以"华严不如艮止"来概括并类比佛教文化之大义。可以说，"六经"奠定了"止"义的多种可能和总体倾向，因此也决定了"止"与中国文化特质的内在关联。如果说"六经"或隐或显地透露出一种文化精神，那么这一精神便是"止"，"六经"的精义都不约而同地指向并提示着"有所止"。

第一节 "诗"可以"止"——诗有三训，其义皆"止"也

"诗三百"的咏叹流露出人们最初对"止"的理解。除了基本的"足趾""停止"之义或语气助词，"止"在《诗》中已经被赋予了多重伦理意涵，如"交交黄鸟，止于棘"（《诗·秦风·黄鸟》）"营营青蝇，止于棘，谗人罔极，交乱四国"（《诗·小雅·青蝇》）"绵蛮黄鸟，止于丘隅，岂敢惮行，畏不能趋"（《诗·小雅·绵蛮》）"维桑与梓，必恭敬止"（《诗·小雅·小弁》）"鴥彼飞隼，其飞戾天，亦集爰止"（《诗·小雅·采芑》）"穆穆文王，于缉熙敬止"（《诗·大雅·文王》）"淑慎尔止，不愆于仪"（《诗·大雅·抑》）"念兹皇祖，陟降庭止，维予小子，夙夜敬止"（《诗·周颂·闵予小子》）"邦畿千里，维民所止"（《诗·商颂·玄

鸟》)等。而后世《诗》学对此的阐释则决定了人们对于何谓"诗"亦即"诗"的本质以及何谓"人"亦即人与禽兽动物本质区别的认知与理解。在这一发展过程中，"止"已经与"诗"的内质紧密联系在了一起。

一、诗者，志也，止在心上

"诗言志"是中国古代的重要诗学传统与古老命题，"诗"与"志"的联系在诗史和诗学史的一开始便形成，并一直被强调：

《尚书·尧典》："诗言志，歌永言，声依永，律和声。"

《春秋左氏传·襄公二十七年》："文子告叔向曰：'伯有将为戮矣！诗以言志，志诬其上，而公怨之，以为宾荣，其能久乎？幸而后亡。'"

《春秋左氏传·襄公二十七年》："郑伯享赵孟于垂陇，子展、伯有、子西、子产、子大叔、二子石从。赵孟曰：'七子从君以宠武也，请皆赋以卒君贶，武亦以观七子之志。'"

《春秋左氏传·昭公十六年》："夏四月，郑六卿饯宣子于郊。宣子曰：'二三君子请皆赋，起亦以知郑志。'"

《郭店楚简·语丛一》："诗，所以会古今之志也。"①

上博简《孔子诗论》："诗亡隐志，乐亡隐情，文亡隐言。"

《庄子·天下》："诗以道志。"

---

① 刘钊：《郭店楚简校释》，福州：福建人民出版社 2003 年版，第 181 页。

《孟子·万章上》："说诗者不以文害辞，不以辞害志，以意逆志是为得之"

《荀子·儒效》："诗言是，其志也。"

《毛诗序》："诗者，志之所之也，在心为志，发言为诗。"

《说文解字》："诗，志也。"

《礼记·孔子闲居》："孔子曰：'志之所至，诗亦至焉。'"

《礼记·乐记》："诗，言其志也；歌，咏其声也；舞，动其容也。"

不必再列举"诗"与"志"同时出现的长长清单，二者的关联已经成为了中国古代不言而喻的诗学起点。杨树达先生释"诗"云：

《说文》三篇上言部云："诗，志也，志发于言。《韵会》引《说文》有此四字，是也，今本脱。从言，寺声。"古文作 **誖**，从言，**屮** 声。按志字从心 **屮** 声，志字今本《说文》脱去，徐、段补之，是也。寺字亦从 **屮** 声，**屮**、志、寺古音无二。古文从言 **屮**，言 **屮** 即言志也。《墨子》天之即天志。篆文从言寺，言寺亦言志也。①

---

① 杨树达：《积微居小学金石论丛·释诗》，北京：科学出版社1955年版，第25~26页。

杨树达先生通过声训肯定了 𡳵 作为核心声音因素贯通了 𡳵、志、寺、诗等字，因而这些字同音而通假，无论"诗"在字形上写作 𡀔 还是"詩"，都与"志"和 𡳵 相通。继而又通过义训强调："盖诗以言志为古人通义，故造文者之制字也，即以言志为文。其以 𡳵 为志，或以寺为志，音同假借耳。"①即"诗"的核心意义是"言志"，因此便以"言志"造字，但并不是直接将"言""志"合为一字，而是通过音同假借而以 𡳵 为志或以寺为志，写作 𡀔 或"詩"。既然"诗"义"言志"，又音"志"，那么"志"不仅标识"诗"的读音，更凸显出"诗"的意涵，甚至可以和"诗"互训：

> 《左传·昭公十六年》记郑六卿为韩宣子赋诗，而六卿所赋皆郑风，宣子曰："二三君子以君命贶起，赋不出郑志。"郑志即郑诗也，此经传以志为诗也。《吕氏春秋·慎大览》记汤谓伊尹曰："若告我旷夏尽如诗。"高诱训诗为志。此以诗为志者也。古诗志二文同用，故许径以志释诗。②

在这个意义上，"诗"即"志"，"志"即"诗"，并可互为注解训释。

进一步，如何理解"志"？许慎《说文解字》："志，意也。从心 𡳵，𡳵亦声。"③黄锡全先生指出：

> 𢖄 志，志字古本作 𡳵 (侯盟)、𡳵 (中山王壶)、𡳵、𡳵、

---

① 杨树达：《积微居小学金石论丛·释诗》，北京：科学出版社 1955 年版，第 26 页。
② 杨树达：《积微居小学金石论丛·释诗》，北京：科学出版社 1955 年版，第 26 页。
③ (汉)许慎撰、(清)段玉裁注：《说文解字注》，上海：上海古籍出版社1981 年版，第 502 页。

⛉（玺文 10·8）等，汉印作 ⛉、⛉（汉印征 10·15）。楚王孙渔戈"止"作 ⛉，蔡侯产剑作 ⛉，蔡公子果戈作 ⛉，此形所以从之 ⛉ 乃由上引诸"止"形演变。志字作 ⛉ 应有根据。①

强调"志"所从"之"乃是从"止"演变而来。因而，"志"字形的根据即来源于"止"，"止"可以说诗"志"字的核心因素。

那么，如何理解"止在心上"的"志"呢？首先，"志"与"诗"有内外之分。杨树达先生指出："然《毛诗序》曰：'诗者，志之所之也，在心为志，发言为诗。'诗与志虽无二，究有内外之分，故许复以志发于言为说。"②也就是说，停留在心上的是"志"，发于语言文字为"诗"，因此，从"志"到"诗"是一个"外化"也就是"诗化"的过程，是一个艺术表现的过程，而"诗"要表现的对象和内容就正是"志"。在这里，"志"是"止于心上"的，是被"诗化"地艺术表现之前的状态。

具体而言，"止在心上"是一种怎样的状态？这涉及"志""意""心""性""情"的关系。《说文解字》："意，志也。从心音。察言而知意也。"可见，"心""音"会意而为"意"，意者，心之音也。直到汉代，"志"与"意"几乎可以互用，并无严格的区分。如《史记·五帝本纪》云："诗言意。"董仲舒云："心之所之谓意。"在这里，意和志一样表示心之所之。同样，志也和意一样表示心之音。既然志为心声，那么其未发、已发有何不同？朱彝尊《曝书亭集》："诗，之也，志之所之也。言其志谓之诗……诗，性之符也；盖必情动乎中，不容已于言而后作。"一方面，诗符合"性"，另一方面，诗缘起于"情"动。性情之分，自古已然。《说文解字》："情，人之阴气有欲者。从心青声。"《说文解字》：

---

① 李圃主编：《古文字诂林》第八册，上海：上海教育出版社 2000 年版，第947 页。

② 杨树达：《积微居小学金石论丛·释诗》，北京：科学出版社 1955 年版，第 26 页。

"性,人之阳气性善者也。从心生声。"《礼记·乐记·乐本》:"人生而静,天之性也;感于物而动,性之欲也。"马叙伦先生释云:"感于物而动者,谓喜怒哀思爱恶欲也。"①《礼记·礼运》:"何谓人情?喜怒哀惧爱恶欲,七者,弗学而能。"《荀子·正名》:"生之所以然者,谓之性……不事而然谓之性,性之好恶喜怒哀乐谓之情。"对此马叙伦先生指出:"情实性之异文。性本今所谓生命也。吾人生命有动静二方面。静之方面。心虽对境。而时空迁流。不与之谐。此境虽玄。忘情自得。动之方面。则感物相逐。爱憎不舍。理智情绪。悉为支配。后人乃强以性为静之方面之名情为动之方面之名耳。"②因此唐代李善注《文赋》"诗缘情而绮靡"曰:"诗以言志,故曰缘情。"唐代孔颖达《毛诗正义》:"在己为情,情动为志,情志一也。"亦径将"情""志"等同。

无论怎样界定,终归是动静两方面。而实际上,"止"和"之"便代表了这两方面。一方面,"志"指心之所止,另一方面,"志"又指心之所之,因此合起来表示一种既"止"将动、将"之"未动的中间状态。其中,"之"代表一种明确的方向性,高鸿缙先生云:"罗振玉曰,按卜辞亦从止从一,人所之也……从止从一,一为出发线通象,止为足,有行走意,自出发线而行走,故其意为往也。指事字。"③"志字从之,以示心思向往之意。"④"止"则代表一种沉淀与调节。

二、诗者,持也,止乎礼义

"诗者,持也"乃是"诗"的重要训释之一,对其的阐论贯穿着整个

① 李圃主编:《古文字诂林》第八册,上海:上海教育出版社 2000 年版,第945 页。
② 李圃主编:《古文字诂林》第八册,上海:上海教育出版社 2000 年版,第945~946 页。
③ 李圃主编:《古文字诂林》第八册,上海:上海教育出版社 2000 年版,第947 页。
④ 刘翔、刘小枫、陈少明:《中国传统价值观诠释学》,上海:生活·读书·新知三联书店,1996 年版,第 212 页。

古典诗学史。思无邪、乐而不淫、哀而不伤、怨而不怒、主文而谲谏、发乎情止乎礼义、温柔敦厚等诗教训诫的核心，一言以蔽之曰"持"。因此明代杨慎慨叹："《仪礼》：'诗附之。'又云：'诗怀之。'皆训为持。此'诗者，持也'本此。千古诗训字，独此得之。"①早在西汉后期，《诗纬·含神雾》便明确提出：

> 诗者，持也，以手维持，则承负之义，谓以手承下而抱负之。在于敦厚之教，自持其心，讽刺之道，可以扶持邦家者也。②

《诗纬》将"诗"训为"持"。从"音"来看，《说文解字·言部》："诗，志也。从言寺声。"《说文解字·手部》："持，握也。从手寺声。"《说文通训定声》："诗，志也，从言寺声，古文从言之声……（假借）为邿，公羊襄十三年取诗，鲁附庸国也。又为侍或为持。"③"诗"和"持"在声训上都从"寺"声，音近通假。从"形"来看，甲骨文、金文中皆不见"诗"字，而先秦简牍中"诗"字的书写形态亦不一致；"寺"则是"持"的本字，金文中"持"常常写作"寺"，后起才写作"持"；可见"持"由"寺"来，而"诗"从"寺"声，"诗"和"持"通过"寺"联系在一起。从"义"来看，早在《礼》的注解中，"诗"和"持"便呈现出语义的相关：

> 《礼记·内则》："诗负之。"郑玄注："诗之言承也。"

> 《仪礼·特牲馈食礼》："诗怀之。"郑玄注："诗犹承也。谓奉纳之怀中。"

---

① 黄霖：《文心雕龙汇评》，上海：上海古籍出版社 2005 年版，第 27 页。
② ［日］安居香山、中村璋八辑：《纬书集成》，石家庄：河北人民出版社 1994 年版，第 464 页。
③ （清）朱骏声：《说文通训定声》，武汉：武汉古籍书店 1983 年版，第 160 页。

《仪礼·少牢馈食礼》："诗怀之。"郑玄注："诗犹承也。"

郑玄虽然没有径直将"诗"解释为"持"，但其所描述和表达的是"持"义，正如《诗纬·含神雾》注"持"的基本义是以手承下而抱负之、维持之。由上可见，"诗"在音、形、义等方面都可与"持"相通。

此外，《诗纬·含神雾》中还提出了诗的功能，并由此引申出"持"的内涵：就创作主体而言，诗可以"自持其心"；就读者受众而言，诗可以"扶持邦家"。这样一来，无论是"敦厚之教"的道德教化功能，还是"讽刺之道"的社会政治作用，无论是个体的修身，还是群体的齐家、治国、平天下，都可以通过"诗者，持也"得到概括和揭示。

既然"诗"训为"持"，那么接下来要解决的问题是"什么是持""持什么"以及"怎么持"。

1. "持"的核心义——持，止也

刘勰《文心雕龙·明诗》开篇有：

> 大舜云："诗言志，歌永言。"圣谟所析，义已明矣。是以"在心为志，发言为诗"，舒文载实，其在兹乎！诗者，持也，持人情性；三百之蔽，义归"无邪"，持之为训，有符焉尔。

纪昀点评曰："此虽习见之语，其实诗之本源，莫逾于斯。后人纷纷高论，皆是枝叶工夫。'大舜'九句是发乎情，'诗者'七句是止乎礼义。"①刘勰在为诗"释名以彰义"时，采用了"三训"中的两训：志与持。这一段话前面在说"诗言志"，后面在说"诗训持"。纪昀认为"诗言志"强调的是诗"发乎情"，而"诗训持"强调的则是诗"止乎礼义"。换言之，对于"诗"来说，"持"义的核心即"止"。

---

① 黄霖：《文心雕龙汇评》，上海：上海古籍出版社 2005 年版，第 27 页。

钱锺书先生亦将"持"与"止"联系在一起：

　　《诗纬·含神雾》云："诗者，持也"，即"止乎礼义"之"止"；《荀子·劝学》篇曰："诗者，中声之所止也"，《大略》篇论《国风》曰："盈其欲而不愆其止"，正此"止"也。非徒如《正义》所云"持人之行"，亦且自持情性，使喜怒哀乐，合度中节，异乎探喉肆口，直吐快心。《论语·八佾》之"乐而不淫，哀而不伤"；《礼记·经解》之"温柔敦厚"；《史记·屈原列传》之"怨诽而不乱"；古人说诗之语，同归乎"持"而"不愆其止"而已。陆龟蒙《自遣诗三十首·序》云："诗者，持也，持其情性，使不暴去"；"暴去"者，"淫"、"伤"、"乱"、"怨"之谓，过度不中节也。夫"长歌当哭"，而歌非哭也，哭者情感之天然发泄，而歌者情感之艺术表现也。"发"而能"止"，"之"而能"持"，则抒情通乎造艺，而非徒以宣泄为快有如西人所嘲"灵魂之便溺"矣。"之"与"持"一纵一敛，一送一控，相反而亦相成，又背出分训之同时合训者。①

钱锺书先生将"持"定义为"止乎礼义"之"止"，并举出《荀子》两处亦以"止"来论诗以佐证。从理论概括的层面而言，钱锺书先生认为古人说诗之语的要旨和主线就是强调诗要持而不过其止。从诗的创作层面而言，钱锺书先生认为，"止"是自然感情之艺术化的关键所在。因此，钱锺书先生指出诗的两种训法"志"和"持"是相反相成的，前者是"发"，讲诗的本源与创作动机是"发乎情"，后者是"止"，讲诗的界限与标准是"止乎礼义"；前者是"之"，"志之所之"，乃情感的表现与外化，后者是"持"，志之所持，乃情感的节制与限度。在这个意义上，"持"所道出的意涵便是"止"。

　　如果说承接、奉纳、抱持等是"持"的基本义，扶持、端正等是

---

① 钱锺书：《管锥编》第一册，北京：中华书局1979年版，第57~58页。

"持"的引申义,那么"止"便是"持"的核心义,具体指规范、约束、控制、节制等。"止"乃是"诗"的理性因素。如周裕锴先生指出:"一言以蔽之,'持'的重要功能就是情绪的理性化。"①刘文勇先生在探讨情感与礼义的关系问题时亦指出情的归属问题:"(情)向上就升华为礼义或者理,所以儒家说礼缘人情。这就意味着礼义或者理是比情还要高一个层次的东西。情感向下堕落,就成为人的本能的东西,中国古代就称之为人欲。无论在哪一个文化里,情也只能找到这两个走向,向上升,在西方称为理性、神性,中国叫做礼义或者理,就这样一个区别。儒家主张的是情感的上升,而不是堕落,如此而已。"②"止"是人区别于动物的地方,是情感的艺术表现区别于任意宣泄的地方,因此,"止"是人的价值取向,也是文学作品的价值取向,更是"持"的意义内核。鲁迅先生曾质疑"持"道:"如中国之诗,舜云言志;而后贤立说,乃云持人性情,三百之旨,无邪所蔽。夫既言志矣,何持之云?强以无邪,即非人志。"③鲁迅先生认为既然诗要言志抒情,又何必持之束缚之?但鲁迅先生在另一处又指出:"感情正烈的时候,反而不宜作诗,否则锋芒太露,能把诗美杀掉。"④太烈、太露即是不持、不止的后果,即"过",会扼杀诗美,这正回答了诗为何要"持"、要"止"。

2."持"的内容——持人情性,止乎礼义

关于"持"的内容,即"持什么",历来多有论述,众说纷纭。概括来讲,有"持志""持心""持情性""持心性""持己""持言""持行""持世""持邦家"等多种说法。

汉代《诗纬·含神雾》提出的是"持心""扶持邦家"。《古微书·春

---

① 周裕锴:《宋代诗学通论》,上海:上海古籍出版社 2007 年版,第 61 页。

② 刘文勇:《儒家"发情止礼"论重估》,《西南民族大学学报》(人文社会科学版)2011 年第 9 期。

③ 鲁迅:《摩罗诗力说》,《河南》月刊第二号、第三号,1908 年 2 月、3 月。

④ 鲁迅:《两地书》,《鲁迅全集》第 11 卷,北京:人民文学出版社 2005 年版。

秋纬》又有："诗者，天地之精，星辰之度，人心之操也。"①操，控制、掌握也。持，握也，操也。因而"人心之操"实云"持心"也。清代朱彝尊亦曰："诗，持也，自持其心也。"又曰："诗者，人心之操也。"②这里有"自持其心"和"持他人之心"两个方面，前者侧重作者的创作，后者着重读者的接受，因此能起到教化的作用。

至南朝刘勰《文心雕龙·明诗》提出"持人情性"。此论影响深远。明代温纯《归来漫兴序》："夫诗岂不关切世教哉？纯闻之刘勰矣，诗者，持也，古以诗持性情，即以性情持世教。"③以诗中符合礼义的性情来扶持他人之性情，即是持世教。清代朱彝尊论诗曰："诵诗三百，歌诗三百，舞诗三百，各操持其心性，所得而莫或同焉。"④无论是诗、乐、舞、咏，其"操持心性"、感化人心、陶冶性情的功用都是殊途同归的。清代阮元在为朱珪《知足斋诗集》所写的后序中说："诗者，志也，可以觇其志而不能掩。诗者，持也，可以验其所持而不可拔，性情、心术、政绩、遭遇皆可于诗见之。"⑤"所持"即"持"的内容，即诗的理性价值内涵，从中可以见出诗人的性情、心术，表里相符。近人王闿运《湘绮楼论诗文体法》亦有："诗，承也，持也，承人心性而持之，以风上化下，使感于无形，动于自然。"情性外化为言默动静，因而唐

---

① ［日］安居香山、中村璋八：《纬书集成》，石家庄：河北人民出版社 1994 年版，第 856 页。

② （清）朱彝尊：《王先生言远诗序》，《曝书亭集》卷三十八，文渊阁《四库全书》，第 1318 册，上海：上海古籍出版社 1987 年版，第 82 页。

③ （明）温纯：《归来漫兴序》，《温恭毅集》卷七，文渊阁《四库全书》，第 1288 册，上海：上海古籍出版社 1987 年版，第 559 页。

④ （清）朱彝尊：《王先生言远诗序》，《曝书亭集》卷三十八，文渊阁《四库全书》，第 1318 册，上海：上海古籍出版社 1987 年版，第 82 页。

⑤ （清）阮元：《知足斋诗集后序》，《揅经室集》上册二集卷七，邓经元校点，北京：中华书局 1993 年版，第 541 页。

代孔颖达《诗谱序正义》有："为诗所以持人之行，使不失坠。"①

"持志"之说更是由来已久。清代刘熙载在《持志塾言·叙》中说："孟子始言'持志'，志之赖于持也久矣。"②将"持志"追溯到孟子。孟子在与公孙丑探讨"不动心"时提出："夫志，气之帅也；气，体之充也……持其志，无暴其气。"（《孟子·公孙丑上》）赵岐注曰："志，心所念虑也。气，所以充满形体，为喜怒也。志帅气而行之，度其可否也……暴，乱也。言志所向，气随之。当正持其志，无乱其气，妄以喜怒加人也。"③人体充盈着气，人的生命力从根本上由气构成，人的喜怒等七情也由气而来；而志则是气的主导，它赋予气以明确的方向和价值取向。志对气的控制是通过"持"来实现的，若要气不暴不乱，喜怒有节，则要持志率气。因此刘熙载《艺概·诗概》曰："诗之言持，莫先于内持其志，而外持风化从之。"北宋陈襄《同年会宴诗序》亦云："诗之言，志也，持也。志之所至，言以持之。诗者君子之所以持志也。善作诗者，以先务求其志，持其志以养其气；志至焉，气次焉，气志俱至焉，而后五性诚固而不反。外物至无所动于心，虽时有感触，忧悲愉怿，舞蹈咏叹之来，必处乎五者之间，无所不得正，夫然后可以求为诗也。"

无论"持"的内容与对象是什么，其旨归实质上都是"止"。《毛诗序》总结先秦到两汉的诗学指出："故变风发乎情，止乎礼义。发乎情，民之性也；止乎礼义，先王之泽也。"直到刘熙载《艺概·诗概》仍在阐解与强调："不发乎情，即非礼义，故诗要有乐有哀；发乎情，未必即礼义，故诗要哀乐中节""诗要超乎'空''欲'二界。空则入禅，欲则入

---

① （汉）毛亨传、（汉）郑玄笺、（唐）孔颖达疏：《毛诗正义》，龚抗云、李传书、胡渐逵整理，肖永明、夏先培、刘家和审定，北京：北京大学出版社1999年版，第5页。

② （清）刘熙载：《刘熙载文集》，薛正兴点校，南京：江苏古籍出版社2001年版，第5页。

③ （汉）赵岐注、（宋）孙奭疏：《孟子注疏》，廖名春、刘佑平整理，钱逊审定，北京：北京大学出版社1999年版，第90页。

俗。超之之道无他，曰：'发乎情，止乎礼义'而已"，在"空"与"欲"之间，有所止才能无过无不及。爰及其他体裁亦如是，清代沈祥龙《论词随笔》："词者诗之余，当发乎情，止乎礼义，国风好色而不淫，小雅怨诽而不乱，离骚之旨，即词旨。"有所止成为中国古典抒情文学的一贯追求。清人纪昀《云林诗钞序》："《大序》一篇，确有授受，不比诸篇为经师递有增加，其中'发乎情，止乎礼义二语'，实探风雅之大原。后人各明一义，渐失其宗。一则知'止乎礼义'而不必'发乎情'，流而为金仁山濂洛风雅一派，使严沧浪辈激而为'不涉理路、不落严荃'之论；一则知'发乎情'而不必'止乎礼义'，自陆平原'缘情'一语引入歧途，其究乃至于绘画横陈，不诚已甚欤？"[1]与其说纪昀反对的是"诗缘情"这一主张，毋宁说他批判的实质上是不知"止"，而他最终要强调的也是"止乎礼义"这一最高标准。

3."持"的依据——寺，法度也，持正无邪

"寺"是"持"的本字。《说文解字·寸部》："寺，廷也，有法度者也。从寸。之声。"段玉裁注曰："言法度字多从寸。"王安石《字说》："诗者，从言，从寺。寺者法度之所在也。"

那么，"寺"为什么和法度有内在的关联？"寺"在金文中写作[古文字]、[古文字]、[古文字]等，在古陶文字中写作[古文字]等，在楚简中写作[古文字]、[古文字]等，在秦简中写作[古文字]等，在帛书中写作[古文字]等，在汉印文字中写作[古文字]等，在石刻篆文中写作[古文字]等[2]。林义光先生指出寺字"从又从之。本义为持。又象手形。手之所之为持也。之亦声。"[3]

日本汉学家高田忠周先生认为："握持廷寺，实一义之转耳。后人

---

① （清）纪昀：《纪文达公遗集》卷九《云林诗钞序》，《纪晓岚文集》第1册，孙致中等校点，石家庄：河北教育出版社1991年版，第198～199页。

② 李圃主编：《古文字诂林》第三册，上海：上海教育出版社2000年版，第579～580页。

③ 李圃主编：《古文字诂林》第三册，上海：上海教育出版社2000年版，第580页。

谓寺人义主于法度，故改又为寸作寺。寸又通用。"①柯昌济先生认为：
"卜词 字即是寺字也……亦非从寸。从寸乃秦篆说也。"②强运开先生
则指出："窃谓从又从寸皆有以手取物之义。寺当为持之本字。说文以
寺专训寺廷，手部又别收从手之持字，致后人转不识寺为持之本字而以
为省文也。"③李孝定先生云："从又，之声，廷为治事之所，治事与持
意近，古称寺人者，言治事之人，或侍人，意并近。"④马叙伦认为：
"寺之言侍也。易诗寺字皆谓奄人，则从寸者，谨守法度不可干政也。"
又引清代俞樾之语佐证："寺即侍之古文。人部。侍，承也，凡言侍
者。皆承奉之义。故从寸。犹从又也。寺之从寸，犹承之从手也。"接
着又强调分寺、侍为二的做法，殊非古人制字之意，指出："官吏治事
之所曰寺者，其本字当为庤。寺乃庤省耳。"并指出寺"从又"⑤。戴家
祥先生认为："金文从又、从寸同。"又释"持"为"守"，训"寺"为"使"
"事"⑥。

综上可见，无论从又或从寸都指手持之义。从狭义来理解，"持"
是指以手持具体之实物。从引申义来理解，"持"则指以理性来操持某
种抽象之物，如心、性、情等。"持"的目标是使其正。孔子曰："《诗》
三百，一言以蔽之，曰：'思无邪。'"(《论语·为政》)何为"思无邪"？
"思无邪"原是《诗·鲁颂·駉》里的诗句，"思"为无实意的句首语气

---

① 李圃主编：《古文字诂林》第三册，上海：上海教育出版社 2000 年版，第
580 页。

② 李圃主编：《古文字诂林》第三册，上海：上海教育出版社 2000 年版，第
580 页。

③ 李圃主编：《古文字诂林》第三册，上海：上海教育出版社 2000 年版，第
581 页。

④ 李圃主编：《古文字诂林》第三册，上海：上海教育出版社 2000 年版，第
581 页。

⑤ 李圃主编：《古文字诂林》第三册，上海：上海教育出版社 2000 年版，第
581 页。

⑥ 李圃主编：《古文字诂林》第三册，上海：上海教育出版社 2000 年版，第
581 页。

词，孔子引用作"思想"解①，"无邪"则形容牧马人专注的神情，孔子引用作"邪僻"讲，因此在孔子这里，"思无邪"即是说《诗》三百所表达的思想情感无邪僻。包咸注云："归于正。"②邪的反面是正，无邪便是归于正。卫瓘云："不曰'思正'而曰'思无邪'，明正无所思邪，邪去则合于正也。"③去邪归正则是思无邪。在这个意义上，"持"即是"持正"。因此唐代孔颖达《毛诗正义序》指出诗的功用在于"论功颂德，止僻防邪"④。止僻防邪其实就是"持正"。"无邪"是一种否定性的说法，"无"即"止"，"止邪"即"持正"，乃一体之两面。一如清代刘宝楠《论语正义》所云："论功颂德、止僻防邪大抵皆归于正。"朱熹对《诗》的论述虽多与前人不同，但仍盛赞："大凡人思皆当无邪。"又肯定："思无邪一句好"⑤朱子进一步阐发其义：

> "思无邪"，《鲁颂·驹》篇之辞。凡《诗》之言，善者可以感发人之善心，恶者可以惩创人之逸志，其用归于使人得其性情之正而已。然其言微婉，且或各因一事而发，求其直指全体，则未有若此之明且尽者。故夫子言诗三百篇，而惟此一言足以尽盖其义，其示人之意亦深切矣。程子曰："思无邪者，诚也。"⑥

朱熹从读者接受的方面来说"思无邪"是"归于使人得其性情之正"，也

① 杨伯峻：《论语译注》，北京：中华书局 2006 年版，第 12 页。
② （魏）何晏注、（宋）邢昺疏：《论语注疏》，朱汉民整理，张启之审定，北京：北京大学出版社 1999 年版，第 14 页。
③ （三国·魏）何晏集解、（南朝·梁）皇侃义疏：《论语集解义疏》卷一，北京：中华书局 1985 年版，第 14 页。
④ （汉）毛亨传、（汉）郑玄笺、（唐）孔颖达疏：《毛诗正义》，龚抗云、李传书、胡渐逵整理，肖永明、夏先培、刘家和审定，北京：北京大学出版社 1999 年，目录第 125 页。
⑤ 朱熹：《朱子语类》卷二十三，北京：中华书局 1994 年版，第 46 页。
⑥ （宋）朱熹：《四书章句集注》，北京：中华书局 1983 年版，第 53~54 页。

就是持正人之性情，通过诗的感发，使人去恶向善，止邪趋正。宋代李复亦云："诗以道情性之正。"这是从诗人创作方面来说。清代刘熙载则指出："'思无邪'，子夏诗序'发乎情，止乎礼义'之说所本也。"将孔子的诗论和《诗大序》贯穿起来。又云："天之福人也，莫过于予以性情之正；人之自福也，莫过于正其性情。从事于诗而有得，则乐而不荒，忧而不困，何福如之。"①认为诗最核心的要旨就在于，作诗的人要通过创作持人性情之正，读诗的人则要通过内省止僻防邪、持正性情。刘熙载还在《持志塾言·叙》中指出："持之义不一端，大要维持之欲其正也，操持之欲其久也。持之之方亦不一端，大要善其志之所以养也，慎其志之所以发也。每念古人之学，无不以此为兢兢，而即可准此以见吾人之失。"②"持"从空间上指持正，从时间上指持久，从动作上指维持、操持，从对象上指持志，具体讲则要善养慎发。

具体到"寸"。从字形上看，"寸"的古文作 ㅋ ㅋ ㅋ 等③，从又从一，"又"像手形，"一"则是指事符号，指示寸口的部位④。詹鄞鑫先生又指出"寸"的心理内涵：

> 从语源上看，寸之为言忖也。《汉书·律历志》述度量起源时说："寸，忖也。忖于寸。"意谓一寸的长度人们心中有数，可以通过想象忖度出来。今按古义"忖"有"度"义，故古注屡言"忖，度也"。以心量度则为"忖"为"度"（"度"音 du6）。"忖"是后起字，古书中本写作"寸"。用手量度则为"寸"为"度"（"度"音 dù）。由

① 刘熙载：《艺概·诗概》，上海：上海古籍出版社 1978 年版，第 13 页。
② 刘熙载：《刘熙载文集》，薛正兴点校，南京：江苏古籍出版社 2001 年版，第 5 页。
③ 李圃主编：《古文字诂林》第三册，上海：上海教育出版社 2000 年版，第 578 页。
④ 詹鄞鑫：《近取诸身，远取诸物——长度单位探源》，《华东师范大学学报（哲学社会科学版）》1994 年第 6 期。

此可知，度量之"寸""度"其语源为心中之"忖""度"。①

在这个意义上，"寸"指有分寸、有度、有数。因此，"寸"实际上是某种心理意义上的"法度"。具体到诗上，寸则是情感的法度，知道情志的抒发要适可而止，无过无不及。孔子曰："《关雎》，乐而不淫，哀而不伤。"（《论语·八佾》）刘安《离骚传》："国风好色而不淫，小雅怨诽而不乱，若《离骚》者，可谓兼之。"这如同在"志"上加"持"，在"情"上加"止"，也就是钱锺书先生所说的"发"而能"止"，"之"而能"持"。

"止"更是"诗"和"持"的原始"显性基因"和重要标记。古文"寺"上面便写作"止"（之）。罗振玉释"止"曰：

> 《说文解字》："之，出也，象草过中，枝茎渐益大有所之也。一者，地也。"按卜辞从止从一，人所之也。《尔雅·释诂》："之往也。"当为"之"之初谊。②

如果说足趾为"止"的本义，那么从"止"从"一"的"之"则表示"往"也，指足在地面行走。因而"止"和"之"都与足趾相关，一个表示"行"，一个表示"止"。于省吾先生指出：

> 止字卜辞作 🖐 或 🖐……之字卜辞作 🖐 或 🖐，从止在一上，一为地，象足趾在地上行动，止亦声，系会意兼形声字。小篆讹作 🖐，《说文》误解为"草木过中，枝茎益大"。隶变作 之，为今楷所本。以上是"止"与"之"字的发生、发展和变化的源流。③

----

① 詹鄞鑫：《近取诸身，远取诸物——长度单位探源》，《华东师范大学学报（哲学社会科学版）》1994 年第 6 期。
② 于省吾主编：《甲骨文字诂林》第一册，北京：中华书局，第 758 页。
③ 于省吾主编：《甲骨文字诂林》第一册，北京：中华书局，第 759 页。

就像"寸"从又从一,"一"指示寸口;"之"则从止从一,"一"指示地面;"寸"表示手握持有分寸与法度,"之"表示足行走有依据与节制,所谓行止有节。因此,"寺"实际上表示了上下双重的"止"义,"之"不只是表声,亦表义。

三、诗者,承也,承"有止"之志

相对于"志"和"持",前人对"承"的训解较少,但从另一方面看,"志"和"持"的阐释往往连带并涵盖了"承"之义。《礼记·内则》:"诗负之。"郑玄注:"诗之言承也。"孔颖达正义引《诗纬·含神雾》曰:"诗者,持也。以手维持,则奉承之义,谓以手承下而抱负之。"①《仪礼·特牲馈食礼》:"诗怀之。"郑玄注:"诗犹承也。谓奉纳之怀中。"《仪礼·少牢馈食礼》:"诗怀之。"郑玄注:"诗犹承也。"承,负载、承载也,当"诗"训为"承"时,主要指诗人之志须与君政所要求承载的内容一致,诗须承载政治教化的要求。在这个意义上,"承"实际上综合了"志"与"持"之义,"承"的对象和内容是"志",而此"志"须是有所持止、有所节制的,才能达到教化之功效。如果说"志"主要是就诗人作者而言,"持"是就读者而言,"承"则连结了君政、作者、社会、读者各个方面,而总体的要求和一以贯之的精神便是有所"止",以形成止乎礼义、持人情性、节制中和、温柔敦厚的诗教。

第二节 《书》与"止"——"安汝止"和"钦厥止"

明代经学家王樵谓:"禹曰'安汝止',伊尹曰'钦厥止',《诗》曰'于缉熙敬止',《易》曰'艮其止',孔门曰'知止',此圣学相承之微旨

---

① (汉)郑玄注、(唐)孔颖达疏:《礼记正义》,龚抗云整理,王文锦审定,北京:北京大学出版社1999年版,第1002页。

也。"①在《尚书》诘屈聱牙的圣训陈谟之中,"安汝止"和"钦厥止"这两个命题不仅被视作注疏的关节,更与《大学》中的"知止"等观念相互发明,使"止"成为贯穿"五经"的红线,为"止"义的积淀添上了浓墨重彩的一笔。

《尚书·夏书·益稷》有:

> 禹曰:"都!帝,慎乃在位。"帝曰:"俞!"禹曰:"安汝止,惟几惟康,其弼直,惟动丕应徯志,以昭受上帝,天其申命用休。"帝曰:"吁!臣哉邻哉!邻哉臣哉!"禹曰:"俞。"

孔安国注:"言慎在位,当先安好恶所止,念虑几微,以保其安。"②孔颖达疏曰:"若欲慎汝在位,当须先安定汝心好恶所止,念虑事之微细,以保安其身。"③又云:"'当先安好恶所止',谓心之所止,当止好不止恶,言恶以形好也。《大学》云:'为人君止于仁,为人臣止于敬。''好恶所止'谓此类也……念虑几微,然后以保其好恶所安宁耳。"④二孔都将"慎乃在位"和"安汝止"联系在一起,后者是前者的前提,只有先安定了"心之所止",即明确"心"对好恶的价值取向,并"止好不止恶",即以"好"为目标、不以"恶"为目标,坚守"好"、摒弃"恶",且念虑几微,不以善小而不为,不以恶小而为之,然后方能保安其"身",进而致天下。这里孔安国将"止"注解为"好恶所止",意味着"止"是一种伦理上的选择与取舍,它关乎人之身心的安顿,关乎精神价值的寄托

① (明)王樵:《尚书日记》,(清)王顼龄等编撰:《钦定书经传说汇纂》卷三。

② (汉)孔安国传、(唐)孔颖达疏:《尚书正义》,廖名春、陈明整理,吕绍纲审定,北京:北京大学出版社1999年版,第115页。

③ (汉)孔安国传、(唐)孔颖达疏:《尚书正义》,廖名春、陈明整理,吕绍纲审定,北京:北京大学出版社1999年版,第115页。

④ (汉)孔安国传、(唐)孔颖达疏:《尚书正义》,廖名春、陈明整理,吕绍纲审定,北京:北京大学出版社1999年版,第116页。

与向往；孔颖达则进一步将"止"明确阐释为"心之所止"，且心"当止好不止恶"，又与《大学》相联系，强调"止"是最高的标准与最终的目的，"止好"不是要停止"好"，而是以"好"为"止"，即以"好"为目标，并要至于"好"而后"止"，是一种归宿，"止"于"好"而不动摇，是一种坚守。因此，"安"表明了"止"的状态乃是安然恬静的，是心无旁骛的，是坚定守志的，而不是被迫停止或驰心旁骛、见异思迁，一如郑玄所注："安汝之所止，无妄动也。"①蔡沈亦云："止者，心之所止也。人心之灵，事事物物莫不各有至善之所而不可迁者，人惟私欲之念动摇其中，始有昧于理而不得其所止者。安之云者，顺适乎道心之正，而不陷于人欲之危。动静云为，各得其当，而无有止而不得其止者。"②明确将"心之所止"落实到《大学》所提出的"至善"之所，并强调其"不可迁"，同时揭示会导致人心动摇乃是私欲之念，因此，"止"一方面是止息人欲，一方面是坚定不移，进而达到"各得其当""得其所止"的状态。在这个意义上，"安止"即"安其所止"并"安止其所"。

接下来孔安国注云："帝先安所止，动则天下大应之，顺命以待帝志。非但人应之，又乃明受天之报施，天又重命用美。"③孔颖达疏曰："帝先能自安所止，心之所止，止于好事，其有举动，发号出令，则天下大应之，顺命以待帝志。谓静以待命，有命则从也。"④又谓："帝若能安所止，非但人归之，又乃明受天之报施。天下太平，祚胤长远，是天之报施也。"⑤换言之，这里所讲的"安止"首先是就"帝"而言，帝若能安止慎位，天下人则会响应，天则会报施。这里有一个"止心"——"安

① 李民、王健：《尚书译注》，上海：上海古籍出版社2004年版，第45页。
② （南宋）蔡沈：《书经集传》，上海：世界书局1936年版，第18页。
③ （汉）孔安国传、（唐）孔颖达疏：《尚书正义》，廖名春、陈明整理，吕绍纲审定，北京：北京大学出版社1999年版，第115页。
④ （汉）孔安国传、（唐）孔颖达疏：《尚书正义》，廖名春、陈明整理，吕绍纲审定，北京：北京大学出版社1999年版，第116页。
⑤ （汉）孔安国传、（唐）孔颖达疏：《尚书正义》，廖名春、陈明整理，吕绍纲审定，北京：北京大学出版社1999年版，第116页。

身"—"慎位"—"定志"—"出令"—"顺命"—"报施"的逻辑链条。只有帝"安止",才能确保天下人人"安止",万事万物都找到自己的位置,并各得其所、各安所止。因此,帝心有所止且止于好乃是这条伦理序列的逻辑起点,"止"是帝贯穿修身、齐家、治国、平天下的关键,是帝从内圣开出外王的保证。北宋林之奇也联系《大学》里的纲领条目来阐释安止慎位曰:"《大学》曰:'知止而后有定。'人之所止而不能安,则将泛然而无所归宿,外物得以移之矣。苟能安其所止,则意诚心王,举天下之物曾不足以动其心。如是则寂然不动,感而遂通天下之故矣。此实'慎乃在位'之本也。'惟几惟康,其弼直',言能安止矣,又能尽此三者,然后有以尽夫'慎乃在位'之道也。"①林之奇将"安汝止"之"安"和《大学》中的"知止而后有定,定而后能静,静而后能安,安而后能虑,虑而后能得"贯通,"定""静""安"义同,都是指身心皆有所归宿和寄托,并由此可以抵御外物、私欲、杂念所带来的"移"与"动",坚定不渝,因而,"止"是修身的首要因素,只有安止,才能做到正心诚意,进而才能"当位",最终通于天下。

《尚书·商书·太甲上》又有:

> 王惟庸,罔念闻。伊尹乃言曰:"先王昧爽丕显,坐以待旦。旁求俊彦,启迪后人,无越厥命以自覆。慎乃俭德,惟怀永图。若虞机张,往省括于度,则释。钦厥止,率乃祖攸行,惟朕以怿,万世有辞。"

钦,敬也。蔡沈释:"钦者,肃恭收敛。"②孔安国:"止,谓行所安止,君止于仁,子止于孝。言能循汝祖所行,则我喜悦,王亦叹美无穷

---

① (清)王顼龄等编撰:《钦定书经传说汇纂》卷三。
② (南宋)蔡沈:《书经集传》,上海:世界书局1936年版,第49页。

见。"①孔颖达:"王又当敬其身所安止,循汝祖之所行。若能如此,我以此喜悦,王于万世常有善辞。"②在与"行"的对照中,在与"敬""安"的并置中,"止"的伦理内涵昭示出来。"安止"意味着对最高目标的坚守,李民、王健则进一步提出:"止,至。引申为目的、志向。"③即努力去达到至高目的,并以此为志、矢志不移。如人君谨以"仁"为标准,人子则恪守"孝"道,等等。"钦敬其所安止"是指对待这一志向的态度,要素恭、敬畏、谨慎,才能行有所止、止有所安。因此蔡沈谓:"钦厥止者,所以立本;率乃祖者,所以致用,所谓'省括于度则释'也。"④前者是有所止,后者是有所行,前者是后者的保证,只有敬其安止,才能有善美之行,就像射箭前先要瞄准一样。

蔡沈云:"安汝止者,圣君之事,生而知之也。钦厥止者,贤君之事,学而知者也。"⑤能够"止"有所"安",是"圣",能够"止"有所"敬",是"贤",虽有区别,但"止"皆通往成圣成贤之道。方潜指出:"下学而上达,贯始终只一敬,敬而诚则安矣,言尧之德,首曰钦,终以安,安虽圣之安止,岂能离一敬字?"⑥敬安所止,意诚心正,并慎在位,才能由内圣向外王推及,使天下事事物物皆有归宿,各得其所,所谓"平天下"也。

第三节 "礼"与"止"——从"人而有止"到"止于至善"

"止"表示停止。因此,何时行、何时止便有一个"度"的问题,而

---

① (汉)孔安国传、(唐)孔颖达疏:《尚书正义》,廖名春、陈明整理,吕绍纲审定,北京:北京大学出版社1999年版,第209页。

② (汉)孔安国传、(唐)孔颖达疏:《尚书正义》,廖名春、陈明整理,吕绍纲审定,北京:北京大学出版社1999年版,第209页。

③ 李民、王健:《尚书译注》,上海:上海古籍出版社2004年版,第129页。

④ (南宋)蔡沈:《书经集传》,上海:世界书局1936年版,第49页。

⑤ (南宋)蔡沈:《书经集传》,上海:世界书局1936年版,第49页。

⑥ (清)方潜:《毋不敬斋全书》,光绪十五年方敦吉济南刊本。

如何行、如何止又会形成一套礼仪、礼节。故有"举止""行止""容止"
等词汇，表示人的仪容举止以及言行的界限。在这个意义上，"止"其
实正是"礼"的核心。

在历来的注疏中，"止"的"礼"义也呈现出来，"止"常常训为
"礼"。如《诗·鄘风·相鼠》有：

> 相鼠有皮，人而无仪！人而无仪，不死何为？
> 相鼠有齿，人而无止！人而无止，不死何俟？
> 相鼠有体，人而无礼！人而无礼，胡不遄死？

毛亨传曰："止，所止息也。"①这是"止"的基本义。郑玄笺："止，容
止。《孝经》曰：'容止可观。'无止，则虽居尊，无礼节也。"②郑玄认为
"止"意指人的仪容举止，进而指礼节。郑玄实际上是将"止"的基本义
推广到人的言行上，人在言行上知道适可而止的分寸即是礼，不知止、
没有分寸和限度即是无礼。陆德明注："无止：毛，止，所止息也。
郑，止，容止也。韩诗，止，节。无礼节也。"③陆德明综合毛传的"止
息"、郑笺的"容止"和韩诗的"节"，将"无止"释为"无礼节"。马瑞辰
解曰：

> "人而无止"，传："止，所止息也。"笺："止，容止。"瑞辰
> 按："释文引韩诗：'止，节也。无礼节也。'笺本之，以为容止，
> 止即容也。《周礼·天官·掌次》注：'次，自修止之处。'修止即修

---

① （清）王先谦：《诗三家义集疏》，吴格点校，北京：中华书局1987年版，
第249页。

② （清）王先谦：《诗三家义集疏》，吴格点校，北京：中华书局1987年版，
第249页。

③ （唐）陆德明：《经典释文·毛诗音义上·十七》，黄焯断句，北京：中华
书局1983年版，第61页。

容也。亦通言容止，容止即礼也。《小雅》'国虽靡止'，笺：'止，礼也。'《大雅》'淑慎尔止'，笺：'止，容止也。'《广雅·释言》：'止，礼也。'《荀子·不苟篇》'见由则恭而止'，《大略篇》'盈其欲而不愆其止'，杨倞注并以止为礼。"①

马瑞辰认为"止"即"容止"，"容止"即"礼"，并通过一系列的例证确认"止"的意思就是"礼"。王先谦则指出：

> "止，节；无礼节也"者，释文引韩诗文。《说文》："止，下基也。象草木出有址，故以止为足。"引申之，凡有所自处自禁，皆谓之"止"。《礼·大学》"在止于至善"，注："止，犹自处也。"《淮南·时则训》："止狱讼"，注："止，犹禁也。"是其证。故"止"训"节"，而"无止"为"无礼节"。"止"训"节"，"节"亦训"止"，《易·杂卦传》"亦不知节也"虞注、《吕览·大乐篇》"必节嗜欲"高注，并云："节，止也。"《礼·乐记》疏："节奏，谓或作或止，作则奏之，止则节之。"明"止"、"节"义通。惟礼有节，有节然后有止，故《礼·文王世子》"兴秩节"注："节，犹礼也。"《丧服四制》注："节者，礼也。"《广雅·释言》《小旻》笺并云："止，礼也。"韩训"无止"为"无礼节"，兼内外言。笺"止，容止"，义偏而不举，不如韩训为优……《列女传·赵悼倡后篇》引《诗》曰："人而无礼，不死胡俟!""礼"是"止"之讹。②

王先谦强调"止""节"互训，意义想通。有节制、知停止外化地表现出来即是"礼"，因此礼、节互为表里，故"无止"表示"无礼节"。虽然

---

① （清）马瑞辰：《毛诗传笺通释》，陈金生点校，北京：中华书局 1989 年版，第 188 页。

② （清）王先谦：《诗三家义集疏》，吴格点校，北京：中华书局 1987 年版，第 249 页。

《说文》对"止"造字原义的解释并不准确，但王先谦由此推断出"凡有所自处自禁，皆谓之止"的引申义，却尤其符合"止"在伦理道德层面的阐发，"自"标明"止"是内在自发的约束，而非外在的强加，"止于至善"则是这种"自处"与"处世"的终极追求，其根本是知停止、有节制，这是一种"礼节"，也是一种"度"。陈奂疏曰：

> 传云："止，所止息。"则无止为无所止息矣。《礼记·仲尼燕居篇》孔子曰："若无礼，则手足无所错，耳目无所加，进退揖让无所制。"所谓无所止息也。笺云："止，容止。《孝经》曰：'容止可观。'"释文引韩诗云：'止，节。无礼节也。'郑用韩诗。"①

陈奂也赞同将"止"训为"礼"，并紧扣"止"的基本义"止息"进而通过孔子的论述将其推广、贯穿到人的言行之上，认为"容止"的关键是"礼节"。

在历代的注疏中，"止"的释义从"止息""节""礼节""容止"等逐渐层累，表示出"止"与"礼"的内在联系。在《诗》重章叠句的反复咏叹中，"仪""止""礼"平行对位，呈露出同义替换的意涵。在"无止"的否定性表述中，人与"鼠"的根本差异具有了孟子意义上的人与禽兽的根本差异，因而"止"成为了人之所以为人的本质规定性，标明了人的伦理道德特性。

再如《诗·小雅·小旻》："国虽靡止。"郑玄笺。《荀子·不苟》："见由则恭而止。"杨倞注。《荀子·大略》："盈其欲而不愆其止。"杨倞注。《汉书·叙传上》："姜本支呼(乎)三止。"颜师古注引应劭曰。《班固·幽通赋》"赢取威於百仪兮，姜本支乎三止。"《注》谓齐之先伯夷典三礼也。《广雅·释言》。《文选·张衡〈思玄赋〉》："竦余身而顺止兮。"旧注。《广韵·止韵》。《群经平议·毛诗四》："告尔旧止。"俞樾

---

① (清)陈奂：《诗毛氏传疏》，北京：商务印书馆 1934 年版，第 104～105 页。

按。都是将"止"训为"礼"。这意味着知道停止及其限度和原因，正是"礼"的要素，人之所"止"乃是"礼"之所在。

又如"止"还指"容止""举止"。《左传·襄公三十一年》："周旋可则，容止可观。"《礼记·曲礼》："容止若思，言辞安定。"《孝经·圣治》："君子容止可观，进退可度。"唐玄宗注曰："容止，威仪也，必合规矩，则可观也；进退，动静也，不越礼法，则可度也。"这两句实则互文生义，表明容止动静都关乎礼法规矩，关乎一种"度"。《魏书》谓魏明帝曹睿"容止可观，望之俨然"。《世说新语》中亦有"容止"一门，专言魏晋名士之容貌、仪表、举止，表现出了对人言行之"止"的关注。此外，俗语又常谓"德行"为"行止"，如《外史檮杌》记郑奕教子《文选》，其兄曰："莫学沈、谢嘲风弄月，污人行止"。这里的"行止"乃是"有所止"在人的德行上的体现，是言行的边界与限度。

"止"的"礼"义标明了人从根本上不同于动物的伦理属性，而其最高境界则是"止于至善"。《礼记·大学》有：

> 大学之道，在明明德，在亲民，在止于至善。知止而后有定，定而后能静，静而后能安，安而后能虑，虑而后能得。物有本末，事有终始，知所先后，则近道矣。

这里出现了两个重要观念："止于至善"和"知止"。那么，何谓"止"？《大学》后文中引经据典进行了论述，堪称是最早的、比较集中的对"止"义的梳理和阐释：

> 《诗》云："邦畿千里，惟民所止。"《诗》云："缗蛮黄鸟，止于丘隅。"子曰："于止，知其所止，可以人而不如鸟乎？"《诗》云："穆穆文王，于缉熙敬止！"为人君止于仁，为人臣止于敬，为人子止于孝，为人父止于慈，与国人交止于信。

《大学》引用了与"止"义相关的三条《诗》句和一句孔子的话。第一条出自《诗·商颂·玄鸟》，孔颖达疏曰："言殷之邦畿方千里，为人所居止。此记断章，喻其民人而择所止，言人君贤则来也。"①从地理的层面看，"邦畿千里"是国土的实际范围；而从人心的层面看，只要是民人安居乐业、得其所止的地方，都是国境的范畴。在这里，"止"是一种界限，"止"之所及便是民之所居处、人心之所在。第二条出自《诗·小雅·绵蛮》，孔子之语则就其进行阐论，对此郑玄注曰："于止，于鸟之所止也。就而观之，知其所止，知鸟择岑蔚安闲而止处之耳，言人亦当择礼义乐土而自止处也。《论语》曰：'里仁为美。择不处仁，焉得知？'"②孔颖达疏："言绵蛮然微小之黄鸟，止在于岑蔚丘隅之处，得其所止，以言微小之臣依托大臣，亦得其所也。子曰：'于止，知其所止'者，孔子见其诗文而论之，云是观于鸟之所止，则人亦知其所止。鸟之知在岑蔚安闲之处，则知人亦择礼义乐土之处而居止也。'可以人而不如鸟乎'者，岂可以人不择止处，不如鸟乎？言不可不如鸟也。故《论语》云'里仁为美，择不处仁，焉得知'是也。"③这里仍和《相鼠》一样，将人和动物进行对比，言鸟尚且能知其所止、得其所止，人则更加应该居止于礼义乐土。礼义乃是人的安身立命之所，就如同鸟的栖居止处一样。止于岑蔚丘隅是鸟的本能，止于礼义则是人的基本属性。第三条出自《诗·大雅·文王》，孔颖达疏："缉熙，谓光明也。止，辞也。诗之本意，云文王见此光明之人，则恭敬之。此记之意，'於缉熙'，言呜呼文王之德缉熙光明，又能敬其所止，以自居处也。"④何为"敬

① （汉）郑玄注、（唐）孔颖达疏：《礼记正义》，龚抗云整理，王文锦审定，北京：北京大学出版社 2000 年版，第 1866 页。
② （汉）郑玄注、（唐）孔颖达疏：《礼记正义》，龚抗云整理，王文锦审定，北京：北京大学出版社 2000 年版，第 1861 页。
③ （汉）郑玄注、（唐）孔颖达疏：《礼记正义》，龚抗云整理，王文锦审定，北京：北京大学出版社 2000 年版，第 1866 页。
④ （汉）郑玄注、（唐）孔颖达疏：《礼记正义》，龚抗云整理，王文锦审定，北京：北京大学出版社 2000 年版，第 1866 页。

止"？《诗·小雅·小弁》有："维桑与梓，必恭敬止。"《诗·周颂·闵予小子》有："念兹皇祖，陟降庭止。维予小子，夙夜敬止。"《诗·周颂·敬之》有："敬之敬之，天维显思，命不易哉……维予小子，不聪敬止。日就月将，学有缉熙于光明。"这里的"止"不啻为连缀在"恭敬"后面的句末语气词，而是要表达"敬其所止"之义。所谓"心有敬畏，行有所止"，"敬其所止"即止于有所敬畏。方孝孺曰："凡善怕者，必身有所正，言有所规，行有所止，偶有逾矩，亦不出大格。"孔子曰："君子有三畏，畏天命，畏大人，畏圣人之言，小人不知天命而不畏也。"（《论语·季氏》）有所敬畏，才能有所为有所不为，才能行有所止。这是一种"自居处"，是一种反躬自省。所以盛赞文王之德缉熙光明，又能敬畏而有所止。

从字面上看，"止于至善"意即停止在至善这种境界。它包含如下几层意义：（1）"止"意味着在"止"之前是"不止"、是"行"、是"动"，即在"止"之前须不懈追求"至善"，努力达到"至善"，不达则不止，在这个意义上，"止"是一种最高的标准与最终的归宿，"止于至善"则是把"至善"作为最高的标准来勉力而行、孜孜探求，以期臻于此种境界。譬如上文最后连用五个"止于"来进行总结，这里的"止于仁"便是以"仁"作为标准和归宿。（2）"止"又意味着在"止"之后是一直停止于此，毫不动摇，在这个意义上，"止"是一种坚定的恪守，"止于至善"则是不间断地克己成德、坚守"至善"。如朱熹注曰："止者，必至于是而不迁之意。"①"必至于是"其实是"止"的上述第（1）层含义，"不迁"则表明坚韧而无转移之志。又如叶秀山也指出，《大学》的宗旨和哲学精神在于强调一个"止"字，"止"不是"停止"，而是"站立""立定"的意思；"站立"，要问"站"在何处，于是就有"位置"的问题，"止于至善"就是世间万事万物都找到了各自的最佳"位置"，而各"安"其位，则达到了

---

① （汉）郑玄注、（唐）孔颖达疏：《礼记正义》，龚抗云整理，王文锦审定，北京：北京大学出版社 2000 年版，第 1859 页。

"平天下"——"天下太平"的理想境界。① 换言之，"安"就是"止"。
(3)"止"还意味着在当"止"之时要知道停止，而如何"止"、何时"止"、
"止"于何，这些问题的询问和把握全都指向自身，须求诸己，在这个
意义上，"止"是一种自处与自省，"止于至善"则是通过修德而发现"至
善"。如郑玄注曰："止，犹自处也。"②叶秀山先生亦云，"自知"是要
"知道""自己"的"位置"，把自己的位置摆正。

　　质言之，"止"的以上三重含义可以概括为"至其所止""安其所止"
"知其所止"，从不同的层面昭示着人的伦理道德属性。

　　"止"更是"至善"的核心与关键，它清晰地将"至善"和其他的某种
"善"区分开来。康德《实践理性批判》里有"最高善"（das höchste Gut，
the Highest Good，有时也中译为"至善"）。叶秀山先生强调："康德的
'至善'是'无限'的，而《大学》里的'至善'因为有'止'这层意思，所以
更有'有限'的含义在内。《大学》的'至善'犹如孔子在听了韶乐叹为
'尽善尽美'那个意思，不具有康德引向（基督教）'天国'的意思。"③也
就是说，《大学》"至善"不是康德"最高善"那种理想性的、无上的完备
与圆满，而是必须要知道有所限、有所止。例如孔子的"至善"即是在
"武"的方面知有所止。因此，"止于至善"的要义不是"至善"，而是"止
善"，是知有所止而善。正如南宋徐元杰《和金兄》诗云"大学融智门，至
善在所止"，"至善"在于"有所止"，在于坚定地安止于此"至善"。

第四节　"易"与"止"——"艮止"——成终
成始，止生万物

　　早在伏羲氏创作八卦时，就选取了艮卦来作为世间万事万物的"词

---

　　① 叶秀山：《试读〈大学〉》，《中国哲学史》2000年第1期。
　　② （汉）郑玄注、（唐）孔颖达疏：《礼记正义》，龚抗云整理，王文锦审定，
北京：北京大学出版社2000年版，第1859页。
　　③ 叶秀山：《试读〈大学〉》，《中国哲学史》2000年第1期。

根"。艮者，☶，止也，以"山"为象。可见伏羲在"仰则观象于天，俯则观法于地"的过程中，已经认定"止"是宇宙间最基本的要素之一。而在《周易》的六十四个六爻卦中，由艮卦参与构成的共十五卦，依次为：蒙、谦、蛊、贲、旅、剥、大畜、颐、咸、遁、蹇、损、艮、渐、小过，这些卦无不含有"止"义。然而，艮卦的"止"义是如何生成的？艮、☶、止、山四者之间的内在联系是如何被建构的？

由卦相"☶"视之，则朱熹指出："一阳止于二阴之上，阳自下升，极上而止也。"①张载亦云："艮一阳为主于两阴之上，各得其位而其势止也。"②换言之，艮卦乃两阴爻在下，为从，一阳爻居上，为主，因而是各得其位；阴爻处下而静，阳爻位上而不动，阳为气之清者，自下而上升，知止于极上，故其势为止。

自卦象"山"解之，则程颐认为："艮山之象，有安重坚实之意。"③邵雍曰："艮，止也，一阳于是而止也。故天下之止，莫如山。"④朱熹云："其象为山，取坤地而隆其上之状，亦止于极而不进之意也。"⑤杨万里亦谓："艮，山也，不动如山，止之至也。"⑥"莫如""至""极"等字眼如注脚般悄然声明，用山的安稳踏实之貌来象征"止"，再贴切不过。

从卦名"艮"观之，则如高怀民先生所言："八卦名称中，以艮之名

① 朱熹：《周易本义》，苏勇校注，北京：北京大学出版社1992年版，第71页。
② 张载：《正蒙·大易篇第十四》，《张载集》，章锡琛点校，北京：中华书局1978年版，第53页。
③ 程颐：《周易程氏传·卷第四周易下经下·艮》，《二程集》，王孝鱼点校，中华书局2004年版，第967页。
④ 邵雍：《后天周易理数第六》，《皇极经世》卷之七下，黄畿注，卫绍生校理，郑州：中州古籍出版社1993年版，第348页。
⑤ 朱熹：《周易本义》，苏勇校注，北京：北京大学出版社1992年版，第71页。
⑥ 杨万里：《诚斋易传》，上海：上海古籍出版社1990年版，第157页。

最难解释，此字历来释义不同"①。艮，从"匕""目"会意②，"匕"即"人"之反文③，故艮象目在背后，表示回望反顾。唐兰先生指出："艮为见之变，见为前视，艮为回顾。……艮其背者，反顾其背。"④高亨先生亦云："本卦艮字皆当训顾。"⑤因此，"艮"的原始本义为"回顾"。同时，"艮"的原始字形又是对"见"的某种否定，即是"目有所止"，即是"不见"，所以，"艮"又带有一种否定性、批判性。而当"艮"字进入《周易》系统之后，便和"止"结合起来，"止"逐渐成为了"艮"的稳定的基本义。一如高亨先生所云："本卦艮字皆当训顾，其训止者，当谓目有所止耳。"⑥也就是说，"艮"由目光、视线当有所止，而从《周易》中获得了固定的含义——止，它指反身不前视，故不见。具体到《易·艮》的卦辞"艮其背，不获其身，行其庭，不见其人，无咎"，则周敦颐释云"'艮其背'，背非见也"⑦。周子将此注解为背身而不见，即是回归到了"艮"的本义。朱熹附解曰："艮，止也，背，非有见之地也。'艮其背'者，止于不见之地也。止于不见之地则静，静则止而无为，一有为之之心，则非止之道矣。"⑧朱子再次强调"艮"的否定性，认为眼不见则心止，心止则欲静，因而"不见"才是"止之道"的根本。程颐发明卦辞之义理曰："人之所以不能安其止者，动于欲也。欲牵于前而

---

① 高怀民：《先秦易学史》，桂林：广西师范大学出版社2007年版，第50页。
② 李圃：《古文字诂林》第七册，上海：上海教育出版社2004年版，第467页。
③ 李圃：《古文字诂林》第七册，上海：上海教育出版社2004年版，第467页。
④ 李圃：《古文字诂林》第七册，上海：上海教育出版社2004年版，第467页。
⑤ 高亨：《周易古经今注》，北京：中华书局1984年版，第311页。
⑥ 高亨：《周易古经今注》，北京：中华书局1984年版，第311页。
⑦ 周敦颐：《通书·蒙艮第四十》，《周敦颐集》，陈克明点校，北京：中华书局1990年版，第41页。
⑧ 朱熹：《通书·朱熹解附》，《周敦颐集》，陈克明点校，北京：中华书局1990年版，第42页。

求其止，不可得也。故艮之道，当艮其背。所见者在前，而背乃背之，是所不见也。止于所不见，则无欲以乱其心，而止乃安。不获其身，不见其身也，谓忘我也。无我则止矣。不能无我，无可止之道。行其庭，不见其人，庭除之间，至近也。在背，则虽至近不见，谓不交于物也。外物不接，内欲不萌，如是而止，乃得止之道，于止为无咎也。"①程颐虽然径直将"艮"解释为"止"，而非"回顾"，但他仍然强调，以背对物则眼不见物，则感官不与外物相交接，则内在的欲望不会萌生，则没有欲望扰乱人心，则忘我忘物，则止，则安。在这个意义上，"艮"止于"反身"，止于背对外物的诱惑，止于"不见"，止于一种否定性。因此，"艮"的要义在于，当"我"与外物、诱惑、欲望迎面相遇时，不要继续前行甚至与之交接，而要停步转身，要以背对之，要不见不扰，所谓"反身而诚"，在这里即是"止"，是"背身而安"。

由卦义"止"解之，则其爻辞在"艮其止（趾）""艮其腓（腿肚子）""艮其限（腰）""艮其身""艮其辅（面颊）""敦（全体）艮"的人体序列中揭示卦义，而"初六"的"止"（趾）字则当下沟通了"止"的原始意涵，一如孔颖达疏曰："趾，足也，初处体下，故谓之足。居止之初，行无所适，止其足而不行，乃得无咎。"②"艮其止（趾）"既以含混的复义掀开了诠释《艮》卦行止之义的序幕，其象辞又云："艮，止也。时止则止，时行则行，动静不失其时，其道光明"。张载解曰："学者必时其动静，则其道乃不蔽昧而明白。今人从学之久，不见进长，正以莫识动静，见他人扰扰，非关己事而所修亦废。"③张载将行止与动静对应，认为若能适时背对物欲、适可而止，动静各得其止、各止其所，则其道不遮蔽、

---

① 程颐：《周易程氏传·卷第四周易下经下·艮》，《二程集》，王孝鱼点校，北京：中华书局 2004 年版，第 968 页。

② 王弼注、孔颖达疏：《周易正义》，李学勤主编，李申、卢光明整理，吕绍纲审定，北京：北京大学出版社 1999 年版，第 214 页。

③ 张载：《横渠易说·艮》，《张载集》，章锡琛点校，北京：中华书局 1978 年版，第 157 页。

不暗昧；若莫识动静，则物于物、见他人扰扰，则其道昏蒙。

综而观之，"止"正是艮卦的卦相、卦象、卦名、卦义得以融为一体的内在意义根源。艮作为八卦之一，这本身就表明，如果没有艮卦、没有止义，不停行进的自然界和人类社会将陷入混乱和灾难，所以八卦的创作者才将其纳入到象征万事万物及其发展变化的八个最重要的基本因素中。在这个意义上，"艮止"乃是万物生生不息的关键。

第五节 "乐"与"止"——止而复始与叹为观止

尽管《乐》之乐谱早已亡佚失散，但"乐"之旨意精神仍透露出"止"。乐曲的流畅表达需要休止符，要有起有止，有始有终，有顿宕有延展；而乐曲的伦理内容和艺术形式亦需符合尽善尽美的标准。

一、"枳敔"与作乐、止乐

孟子对孔子"圣之集大成"的"金声玉振"之喻提示着乐之"始"与"终"的重要性。"金声"指奏乐以钟发声，"玉振"指以磬收束，是为条理之始终也。孙奭注曰："言金声始则隆而终则杀者也""言玉振则终始如一而无隆杀者也""所以合金声而玉振之而言也。"[1]这意味着，乐之"止"乃是衡量其是否能够有始有终、协调如一的关键因素。无独有偶，在军乐中，乐器的起始职能也有着明确的分工。《周礼·地官·鼓人》："以金铙止鼓。"郑玄注："铙，如铃，无舌，有秉，执而鸣之，以止击鼓。"贾公彦疏："进军之时击鼓，退军之时鸣铙。"又《周礼·夏官·大司马》："鸣铙且却，及表乃止。"郑玄注："铙所以止鼓，军退，卒长鸣铙以和众鼓人，为止之也。"

如果说在"金声玉振"中，表示开始、停止的乐器与它们所指称的

---

① （汉）赵岐注、（宋）孙奭疏：《孟子注疏》，廖名春、刘佑平整理，钱逊审定，北京：北京大学出版社1999年版，第318页。

抽象意义同样重要，那么，"止"本身便复合了这两个方面的意涵——"止"即一种表示音乐始终的特定乐器。《尔雅·卷第五·释乐第七》有："所以鼓柷谓之止，所以鼓敔谓之籈。"①郭璞注曰："柷如漆桶，方二尺四寸，深一尺八寸，中有椎柄，连底挏之，令左右击，止者，其椎名。敔如伏虎，背上有二十七锄铻，刻以木，长尺，□之，籈者其名。"②邢昺疏曰："所以鼓动其柷以出其音者名止，所以鼓动其敔以出其音者名籈"③在乐器八音中，柷、敔属木类，由木制成，敲击柷的椎柄叫"止"，敲击敔的长尺叫"籈"，奏乐开始时鼓柷，终止时鼓敔。《尚书·卷第五·益稷》就有："戛击鸣球……合止柷敔。"④郑玄注云："柷，状如漆桶，中有椎，合之者投椎于其中而撞之。敔，状如伏虎，背上刻之，所以鼓之以止乐。"⑤孔安国注曰："戛击，柷敔，所以作、止乐。……柷，所以作乐。敔，所以止乐。"⑥孔颖达疏曰："合乐用柷，止乐用敔……乐之初，击柷以作之；乐之将末，戛敔以止之。"⑦柷敔在奏乐时承担着三个功能：作、止、合，即开始、终止、调和。

可以看到，这里出现了一种微妙而又意味深长的错位——用来敲击柷的椎柄叫做"止"，但它的意义却是"始"；如果用现代语言学的话来说，柷椎的能指是"止"，而所指却是"始"。这一错位甚至可能是致使

---

① （晋）郭璞注、（宋）邢昺疏：《尔雅注疏》，李传书整理，徐朝华审定，北京：北京大学出版社1999年版，第159页。

② （晋）郭璞注、（宋）邢昺疏：《尔雅注疏》，李传书整理，徐朝华审定，北京：北京大学出版社1999年版，第159页。

③ （晋）郭璞注、（宋）邢昺疏：《尔雅注疏》，李传书整理，徐朝华审定，北京：北京大学出版社1999年版，第160页。

④ （汉）孔安国传、（唐）孔颖达疏：《尚书正义》，廖名春、陈明整理，吕绍纲审定，北京：北京大学出版社1999年版，第127页。

⑤ （晋）郭璞注、（宋）邢昺疏：《尔雅注疏》，李传书整理，徐朝华审定，北京：北京大学出版社1999年版，第160页。

⑥ （汉）孔安国传、（唐）孔颖达疏：《尚书正义》，廖名春、陈明整理，吕绍纲审定，北京：北京大学出版社1999年版，第127页。

⑦ （汉）孔安国传、（唐）孔颖达疏：《尚书正义》，廖名春、陈明整理，吕绍纲审定，北京：北京大学出版社1999年版，第128页。

许慎混淆柷敔始止的直接原因。《说文解字》云："柷，乐木空也，所以
止音为节。"①意即柷的功能是停止音乐，以控制节奏。段玉裁纠正道：
"柷以始乐，非以止音也"②，指出柷表示奏乐的开始而非停止；又补
充"今按：当作以止作音为柷"③，强调柷要通过椎柄也就是"止"的敲
击来发出声音即"作音"，同时也提示着"止"本身的多重内涵才恰恰是
其意义含混的原因。孔颖达亦曾指出："柷敔之状，经典无文，汉初已
来学者相传，皆云柷如漆桶……汉礼器制度及《白虎通》、马融、郑玄、
李巡其说皆以为然也。惟郭璞为详，据见作乐器而言之。"④对柷敔具体
形制的文本化记载其实和《乐》经一样，早已亡佚在了古老而苍茫的时
光中，后人得见的仅仅是零星的口耳相传和片段的记忆。因之许慎的混
淆便也不难理解了。那么，为何要用"止"来指涉奏乐之"始"？为什么
不直接将敲击敔的长尺命名为"止"？且许慎解"敔"曰："禁也"，又
云："一曰乐器，椌楬也，形如木虎。"⑤段玉裁按："此十一字后人妄
增也。《乐记》椌楬注谓柷敔也。椌谓柷，楬谓敔……敔取义于遏，楬
为遏之假借耳。敔所以止乐，故以敔名。上云禁也，已包此物。"⑥或
者，柷椎是为了表示一种"止而复始"的辩证意涵吗？一如《周易》最后
两卦从"既济"到"未济"，正是在终止处的重新开始，又是回到起始的
循环往复。在这个意义上，"止"和"始"形成了一种张力，使得"止"义

---

① （汉）许慎撰、（清）段玉裁注：《说文解字注·第六篇上·木部》，上海：
上海古籍出版社 1981 年版，第 265 页。

② （汉）许慎撰、（清）段玉裁注：《说文解字注·第六篇上·木部》，上海：
上海古籍出版社 1981 年版，第 265 页。

③ （汉）许慎撰、（清）段玉裁注：《说文解字注·第六篇上·木部》，上海：
上海古籍出版社 1981 年版，第 265 页。

④ （汉）孔安国传、（唐）孔颖达疏：《尚书正义》，廖名春、陈明整理，吕绍
纲审定，北京：北京大学出版社 1999 年版，第 128 页。

⑤ （汉）许慎撰、（清）段玉裁注：《说文解字注》，上海：上海古籍出版社
1981 年版，第 126 页。

⑥ （汉）许慎撰、（清）段玉裁注：《说文解字注》，上海：上海古籍出版社
1981 年版，第 127 页。

在"乐"的体悟中被拓宽。

二、"止"与尽善尽美

《春秋左氏传·襄公二十九年》载:"吴公子札来聘……请观于周乐。"这里的问题首先在于,"乐"为何要"观"?"乐"如何"观"?《乐记·乐本》云:"凡音之起,由人心生也。人心之动,物使之然也。感于物而动,故形于声,声相应,故生变,变成方,谓之音。比音而乐之,及干戚羽旄,谓之乐。"又曰:"声成文,谓之音。"这里对"声""音""乐"作出了严格的区分和明确的界定:人在外物的感召下自然地发出声音谓之"声",按照节奏、音高等审美规律赋予"声"以艺术形式就成了"音",把"音"用乐器演奏出来,并伴之以舞蹈,即是"乐"。以上是就形式而言。更进一步,在内容层面,《乐记》云:"凡音着,生于人心者也。乐者,通伦理者也。"换言之,"音"具有情感内涵,而"乐"则与伦理相通,与儒家礼教相通,具有道德内涵。所以《乐记》总结道:"是故知声而不知音者,禽兽是也。知音而不知乐者,众庶是也。唯君子为能知乐。是故审声以知音,审音以知乐,审乐以知政。"能否在知"声"的基础上进一步知"音",是区别人与禽兽的标志。与"声"相比,"音"具有音乐的形式美,且能表达人的复杂情感。而能否懂得"乐"所包含的伦理教化内涵,则是普通百姓和君子的根本区别。与"音"相比,"乐"具有乐器及舞蹈等丰富的表现形式,且表达伦理内容,与礼教相通。因此,不仅要闻其"声",听其"音",感受其形式美及情感抒发,更要观其"乐",揣摩其曲调、歌辞、舞容等所包含的伦理内涵。既然"乐"生于人心,受外物(包括社会)感召,且有伦理内容,因而便形成了社会政治与"乐"之间的逻辑联系。在这个意义上,《乐记》提出了"声音之道与政通"及"审乐以知政"的命题:"是故治世之音安以乐,其政和。乱世之音怨以怒,其政乖。亡国之音哀以思,其民困。声音之道,与政通矣。"又"是故其哀心感者,其声噍以杀。其乐心感者,其声啴以缓。其喜心感者,其声发以散。其怒心感者,其声粗以厉。其敬心感者，其声直以廉。其爱心感者，其声和以柔。"也就是说，音乐与社会政治、伦理教化是相通的，社会治乱能引起人的情感效应，这种效应会形成不同的音乐表现，从不同的音乐表达中又可以推知不同的社会状态。孔子所谓"《诗》可以观"，正是从这样的语境中产生。郑玄注："观风俗之盛衰。"朱熹注："考见得失。"亦即通过诗乐可以了解社会风俗习尚的盛衰，考察社会政治的得失。这才是"观"的核心内容，是基于"乐""政"相通的逻辑联系从而由"审乐"以"知政"的过程。因此，"观乐"不仅要"观"其曲调、歌辞、器乐、舞容、情感，更要"观"其社会伦理、政治教化内容。

《春秋左氏传·襄公二十九年》详细记述了季札观乐的过程：

> 吴公子札来聘……请观于周乐。使工为之歌《周南》《召南》，曰："美哉！始基之矣，犹未也，然勤而不怨矣！"为之歌《邶》《鄘》《卫》，曰："美哉，渊乎！忧而不困者也。吾闻卫康叔、武公之德如是，是其《卫风》乎？"为之歌《王》，曰："美哉！思而不惧，其周之东乎？"为之歌《郑》，曰："美哉！其细已甚，民弗堪也，是其先亡乎！"为之歌《齐》，曰："美哉，泱泱乎！大风也哉！表东海者，其大公乎！国未可量也。"为之歌《豳》，曰："美哉，荡乎！乐而不淫，其周公之东乎？"为之歌《秦》，曰："此之谓夏声。夫能夏则大，大之至也，其周之旧乎？"为之歌《魏》，曰："美哉，沨沨乎！大而婉，险而易行，以德辅此，则明主也！"为之歌《唐》，曰："思深哉！其有陶唐氏之遗民乎？不然，何忧之远也？非令德之后，谁能若是？"为之歌《陈》，曰："国无主，其能久乎？"自《郐》以下，无讥焉。
>
> 为之歌《小雅》，曰："美哉！思而不贰，怨而不言，其周德之衰乎？犹有先王之遗民焉"。为之歌《大雅》，曰："广哉！熙熙乎！曲而有直体，其文王之德乎？"
>
> 为之歌《颂》，曰："至矣哉！直而不倨，曲而不屈；迩而不

逼，远而不携；迁而不淫，复而不厌；哀而不愁，乐而不荒；用而不匮，广而不宣；施而不费，取而不贪；处而不底，行而不流。五声和，八风平，节有度，守有序，盛德之所同也！"

见舞《象箾》《南籥》者，曰："美哉，犹有憾！"见舞《大武》者，曰："美哉，周之盛也，其若此乎？"见舞《韶濩》者，曰："圣人之弘也，而犹有惭德，圣人之难也！"见舞《大夏》者，曰："美哉！勤而不德。非禹，其谁能修之！"见舞《韶箾》者，曰："德至矣哉！大矣，如天之无不帱也，如地之无不载也！虽甚盛德，其蔑以加于此矣。观止矣！若有他乐，吾不敢请已！"

季札观乐的顺序是国风、小雅、大雅、颂、舞。就乐舞的价值高低而言，观国风的次序是按照价值递减排列的，由价值最高的"二南"一直到自郐而下的不予置评；雅分小、大；颂分周颂、鲁颂、商颂，但"季札只论颂之乐曲，不论三颂所颂之人德之高下、功之大小，故曰'盛德之所同'"①；观舞则结束于无以复加的价值最高点，叹为观止。

就价值评价的内容来看，季札的点评包含以下几个方面：乐舞产生的时间、地点、作者，乐舞所描述的人物、事件，乐舞的乐曲、歌辞、舞容舞象，等等。换言之，在季札的点评中，乐舞的价值是由以上这些方面来构成和衡量的，它们也是"观乐"的内容。具体来说，例如在观风、雅、颂时，季札的评语大多都以"美哉"作为发端，杜预注"美其声"②，孔颖达正义曰："季札所云'美哉'者，皆美其声也"③，表明这是对乐曲的点评；其后季札的具体评价则是一系列"A 而不 B"的语句模

① 杨伯峻：《春秋左传注》，北京：中华书局 1995 年版，第 1165 页。
② （周）左丘明传、（晋）杜预注、（唐）孔颖达正义：《春秋左传正义》，浦卫忠、龚抗云、于振波整理，胡遂、陈咏明、杨向奎审定，北京：北京大学出版社 1999 年版，第 1096 页。
③ （周）左丘明传、（晋）杜预注、（唐）孔颖达正义：《春秋左传正义》，浦卫忠、龚抗云、于振波整理，胡遂、陈咏明、杨向奎审定，北京：北京大学出版社 1999 年版，第 1096 页。

式，如"勤而不怨""忧而不困""思而不惧""乐而不淫""大而婉，险而
易行""思而不贰，怨而不言""曲而有直体""直而不倨，曲而不屈，迩
而不逼，远而不携，迁而不淫，复而不厌，哀而不愁，乐而不荒。用而
不匮，广而不宣，施而不费，取而不贪，处而不底，行而不流"等，这
是就歌辞而论，并涉及其所描述的具体人物、事件、时代、地域等内
容。以"二南"为例，杜预注："《周南》《召南》，王化之基。犹有商纣，
未尽善也。未能安乐，然其音不怨怒"①，孔颖达正义曰："《诗序》云：
'治世之音安以乐，乱世之音怨以怒。'此作《周》《召》之诗，其时犹有
纣存音，虽未能安乐，已得不怨怒矣。"②从歌辞中，可以听出对应时代
的社会政治状况，这便是听音而知治乱，观乐而晓盛衰。因此杨伯峻先
生指出："此'美哉'，善其音乐也，'始基之'以下，则论其歌词"③。
季札甚至可以听音辨曲，如"为之歌《邶》《鄘》《卫》，曰：'美哉，渊
乎！忧而不困者也。吾闻卫康叔、武公之德如是，是其《卫风》乎？'"杜
预注："亡国之音哀以思，其民困。卫康叔、武公德化深远，虽遭宣公
淫乱，懿公灭亡，民犹秉义，不至于困。……听声以为别，故有疑
言。"④孔颖达正义曰："鲁为季札作乐，为之歌声曲耳，不告季札以所
歌之乐名也。札言'吾闻卫康叔、武公之德如是'，是先闻其善。今声
合其意，虽不知其名，而疑是《卫风》也。言'是其《卫风》乎'，疑之辞

① （周）左丘明传、（晋）杜预注、（唐）孔颖达正义：《春秋左传正义》，浦卫
忠、龚抗云、于振波整理，胡遂、陈咏明、杨向奎审定，北京：北京大学出版社
1999年版，第1096页。
② （周）左丘明传、（晋）杜预注、（唐）孔颖达正义：《春秋左传正义》，浦卫
忠、龚抗云、于振波整理，胡遂、陈咏明、杨向奎审定，北京：北京大学出版社
1999年版，第1096页。
③ 杨伯峻：《春秋左传注》，北京：中华书局1995年版，第1161页。
④ （周）左丘明传、（晋）杜预注、（唐）孔颖达正义：《春秋左传正义》，浦卫
忠、龚抗云、于振波整理，胡遂、陈咏明、杨向奎审定，北京：北京大学出版社
1999年版，第1097页。

也。直听声以为别，不因名而后知，故有疑言焉。"①季札从乐曲的"美哉，渊乎"中听出了时代政治的"忧而不困"，听出了伦理教化的"卫康叔、武公之德"，在这个意义上，"听"其实是一种"观"，"观"出了深广的社会内涵。这种辨识所依据的正是由音乐、歌辞等所共同构成和呈现的审美与伦理整体。

至于观舞，除了曲调、歌辞之外，还涉及舞容舞象。一如杨伯峻先生所言："季札论诗论舞，既论其音乐，亦论其歌词与舞象。"②对于观歌与观舞的不同，孔颖达亦指出：

> 乐之为乐，有歌有舞。歌则咏其辞而以声播之，舞则动其容而以曲随之。歌者乐器同而辞不一，声随辞变，曲尽更歌，故云"为之歌风""为之歌雅"。及其舞，则每乐别舞，其舞不同。季札请观周乐，鲁人以次而舞。每见一舞，各有所叹，故以见舞为文，不言为之舞也。且歌则听其声，舞则观其容。歌以主人为文，故言为歌也。舞以季札为文，故言见舞也。乐有音声，唯言舞者，乐以舞为主。《周礼·大司乐》云："以乐舞教国子，舞《云门》《大卷》《大咸》《大磬》《大夏》《大濩》《大武》。"又云："乃分乐而序之以祭、以享、以祀。舞《云门》，以祀天生。舞《咸池》，以祀地祇。舞《大韶》，以祀四望。舞《大夏》，以祭山川。舞《大濩》，以享先妣。舞《大武》，以享先祖。凡六乐者，文之以五声，播之以八音。"郑玄云："播之言被也。"是其以舞为主，而被以音声。故鲁作诸乐，于季札皆云"见舞"也。礼法，歌在堂，而舞在庭，故《郊特牲》云："歌者在上，匏竹在下，贵人声也。"以贵人声，乐必先歌后舞。故

---

① （周）左丘明传、（晋）杜预注、（唐）孔颖达正义：《春秋左传正义》，浦卫忠、龚抗云、于振波整理，胡遂、陈咏明、杨向奎审定，北京：北京大学出版社1999年版，第1097页。

② 杨伯峻：《春秋左传注》，北京：中华书局1995年版，第1161页。

鲁为季札，先歌诸《诗》，而后舞诸乐。其实舞时，堂上歌其舞曲也。①

观乐的顺序是先歌后舞。季札请观周乐时，鲁人乃"以次而舞"。具体而言，这里的"次"有多重内涵与讲究。首先，季札所观之舞都有对应的时代和人物：《象箾》《南籥》，文王乐；《大武》，武王乐；《韶濩》，殷汤乐；《大夏》，禹之乐；《韶箾》，舜乐②。可见其在时间上呈倒序。相对应的，季札所观之舞都有其含纳着社会伦理、政治教化内容的舞容舞象。"美哉"仍是季札评语的起首，但这里不再是美其声，而是以舞为主，杜预注曰："美其容也"③，孔颖达强调："歌听声而舞观形，故知美者，美其容也。歌诗，由口而出乐音，以诗为章，人歌君德，情见于音，听声知政容或可尔。计圣人之德，非舞容可象，而季札观舞，皆知其德，圣人之作乐也，各象当时之事，时事见于舞，故观之可以知也……诸乐之舞，皆象时王功德也。圣王功德，见于举动之容，故观其舞容，各知其德也。"④所谓"舞观形""观其舞容"，都指从舞蹈的形容中去"观"其象征的当时之时与圣王功德。依次而言，季札对《象箾》《南

① （周）左丘明传、（晋）杜预注、（唐）孔颖达正义：《春秋左传正义》，浦卫忠、龚抗云、于振波整理，胡遂、陈咏明、杨向奎审定，北京：北京大学出版社1999年版，第1105页。

② （周）左丘明传、（晋）杜预注、（唐）孔颖达正义：《春秋左传正义》，浦卫忠、龚抗云、于振波整理，胡遂、陈咏明、杨向奎审定，北京：北京大学出版社1999年版，第1105~1107页。

③ （周）左丘明传、（晋）杜预注、（唐）孔颖达正义：《春秋左传正义》，浦卫忠、龚抗云、于振波整理，胡遂、陈咏明、杨向奎审定，北京：北京大学出版社1999年版，第1106页。

④ （周）左丘明传、（晋）杜预注、（唐）孔颖达正义：《春秋左传正义》，浦卫忠、龚抗云、于振波整理，胡遂、陈咏明、杨向奎审定，北京：北京大学出版社1999年版，第1106页。

篇》的评价是"犹有憾",杜预注曰:"文王恨不及已致太平"①,意即周文王来不及看到太平盛世,故有遗恨。对《大武》的评语是"周之盛也,其若此乎",郑玄《周礼》注云:"武王伐纣以除其害,言其德能成武功也"②,点明其伐纣武德之盛。对《韶濩》的评点是"圣人之弘也,而犹有惭德,圣人之难也",杜预注:"惭于始伐"③,杨伯峻解曰:"惭愧之德,季札或以商汤伐桀为以下犯上,故云犹有惭德而表不满"④,对于圣人犹难的惭德,这里有两种解释,其一是认为相较于尧舜时的禅让,夏商的易代有攻伐、杀戮、战争,因而不是最圆满的道德,其二是认为尽管商汤讨伐昏乱失道的夏桀乃是义举,但汤当时作为臣子,仍属以下犯上,因而仍有缺憾。这两种解释皆可作为其德之犹惭、其圣之犹难的原因,同时也道出了季札《大武》评语未尽的弦外之音:武王伐纣和商汤伐桀一样有惭德,在"周之盛也"的赞美之后,其实还隐藏着一个"而犹有惭德"的转折。接下来对《大夏》的评价是"勤而不德,非禹,其谁能修之!"孔颖达曰:"季札见此舞,叹禹勤苦为民,而不以为恩德。"⑤《淮南子·缪称训》有:"禹无废功,无废财,自视犹觳如也。"禹治水敷土,有德于天下,却不自以为有恩德,且仍不满于自己的德行,因此季札认为只有禹能创此《大夏》乐舞。《吕氏春秋·古乐》云:"禹

---

① (周)左丘明传、(晋)杜预注、(唐)孔颖达正义:《春秋左传正义》,浦卫忠、龚抗云、于振波整理,胡遂、陈咏明、杨向奎审定,北京:北京大学出版社1999年版,第1106页。

② (周)左丘明传、(晋)杜预注、(唐)孔颖达正义:《春秋左传正义》,浦卫忠、龚抗云、于振波整理,胡遂、陈咏明、杨向奎审定,北京:北京大学出版社1999年版,第1106页。

③ (周)左丘明传、(晋)杜预注、(唐)孔颖达正义:《春秋左传正义》,浦卫忠、龚抗云、于振波整理,胡遂、陈咏明、杨向奎审定,北京:北京大学出版社1999年版,第1106页。

④ 杨伯峻:《春秋左传注》,北京:中华书局1995年版,第1165页。

⑤ (周)左丘明传、(晋)杜预注、(唐)孔颖达正义:《春秋左传正义》,浦卫忠、龚抗云、于振波整理,胡遂、陈咏明、杨向奎审定,北京:北京大学出版社1999年版,第1107页。

立，勤劳天下，日夜不懈。命皋陶作为《夏籥》九成，以昭其功。"禹命皋陶作乐以昭功。这里出现了"德"与"功"之间的张力。明道言："尧、舜更无优劣，及至汤、武便别。孟子言'性之''反之'，自古无人如此说，只孟子分别出来，便知得尧、舜是生而知之，汤、武是学而能之。文王之德则似尧、舜。禹之德则似汤、武。要之皆是圣人。"①这是孟子、程颢对圣人之德的一种区分。钱穆先生指出："明道承孟子意，把汤武与尧舜分别了。其实细读《论语》，孔子已先有此分别，但孔孟皆不分别在其事功上。同样是治国平天下，事功哪有死样子，在此可不细作分别。亦不分别在其德性上，皆是圣人，亦无法细分别。其所分别，则只在气象上。一有迹，一无迹。一禅让，一征诛。依着世俗眼光，汤武惊动人，似可学。尧舜若无事，似乎人人可能，但却无可学。禹之治水，一大事，显大能，但可学。文王三分天下有其二，以服事殷，亦若无事，不见能，却似不须学。"②钱穆先生指出圣人的区别在事功、德性、气象三个层面。其中气象又具体分为无迹/有迹、无可学/可学、禅让/征诛的差异。禹治水，其事、其能、其功、其德昭彰，其迹显矣，但却可学，不及尧舜"若无事，似乎人人可能，但却无可学"的境界。在禅让/征诛方面，禹虽不像汤武有征诛，但开始了"家天下"，即不将帝位禅让给贤者而由儿子继承世袭，因此人们有"至于禹而德衰，不传于贤而传于子"③的说法。因此，在事功、德性、气象等方面，周文周武、商汤、夏禹皆没有达到完美境界，仍有所欠缺。

至于《韶籥》，季札的评价是："德至矣哉！大矣，如天之无不帱也，如地之无不载也！虽甚盛德，其蔑以加于此矣。观止矣！若有他

---

① （宋）朱熹、吕祖谦编：《近思录·卷十四圣贤气象》，查洪德注译，郑州：中州古籍出版社 2008 年版，第 429 页。《二程遗书》卷二上。

② 钱穆：《宋代理学三书随札》，《近思录随札下·十四》，北京：三联书店 2006 年版，第 175 页。

③ 《孟子·卷九万章上·六》有："人有言：'至于禹而德衰，不传于贤而传于子。'有诸？"

乐，吾不敢请已！"杨伯峻先生解曰："尽善尽美至于最大限度，故曰观止。"①即在伦理及审美上都臻于至高境界。那么，应如何区分尽善与尽美？《论语·八佾》载："子谓《韶》：'尽美矣，又尽善也。'谓《武》：'尽美矣，未尽善也。'"孔安国曰："《韶》，舜乐名也。谓以圣德受禅，故曰尽善也。《武》，武王乐也。以征伐取天下，故曰未尽善也。"②可见是否"尽善"的区别首先就在于禅让/征诛。皇侃曰："《韶》，绍也，天下之民，乐舜揖让，绍继尧德，故舜有天下而制乐名《韶》也。美者，堪合当时之称也。善者，理、事不恶之名也。夫理、事不恶亦未必会合当时，会合当时亦未必事、理不恶，故美、善有殊也。韶乐所以尽美又尽善，天下万物乐舜继尧，而舜从民受禅，是会合当时之心，故曰尽美也。揖让而代，于事理无恶，故曰尽善也。《武》，武王乐也。天下之民乐武王干戈，故乐名《武》也。天下乐武王从民而伐纣，是会合当时之心，故尽美也。而以臣伐君，于事、理不善，故云未尽善也。"③于舜而言，顺应当时天下民心是尽美，受禅是尽善；对于武王来说，伐纣救民是尽美，以臣伐君是未尽善。在这里，尽美是就动机和结果而言，尽善是就过程和方式而言。杨树达先生曰："声音之道与政通，乐者，政之发于声音者也，古人闻其乐而知其政。舜揖让传贤，为大同之治，武王征诛，世及为小康。故孔子称《韶》乐为尽善尽美，《武》尽美而未尽善也。孔云《武》未尽善，犹季札之言《濩》有惭德也。小康始于禹者，以其传子，创世及之制，违反选贤与能之道也。"④《武》之未尽善主要在于武王征诛，而《韶》之尽善则在于舜之禅让，且传贤与能而非传子。

综上所述，以下便是诸位圣贤在伦理上有否达到完美境界的具体

---

① 杨伯峻：《春秋左传注》，北京：中华书局 1995 年版，第 1165 页。

② （三国·魏）何晏集解、（南朝·梁）皇侃义疏：《论语集解义疏》卷二，北京：中华书局 1985 年版，第 43 页。

③ （三国·魏）何晏集解、（南朝·梁）皇侃义疏：《论语集解义疏》卷二，北京：中华书局 1985 年版，第 43 页。

④ 杨树达：《论语疏证》，上海：上海古籍出版社 1986 年版，第 81 页。

原因：

虞舜	禅让(传贤与能)
夏禹	传子
商汤	征诛(以臣伐君)；传子
周文	恨不及已致太平
周武	征诛(以臣伐君)；传子

相应的，这也是他们的乐舞在伦理价值上"未尽善"的原因。由此可见，惟有舜帝的揖让传贤既避免了征诛的杀戮、讨伐的以下犯上，以及传子的改公天下而为家天下，因此在伦理上是最完满的，故其乐舞堪称尽善尽美。

季札的观乐止于"尽善尽美"，意味着尽善尽美乃是一个最高的、至上的标准，于此而止意味着这是无与伦比、无以复加、难以企及的极致。

事实上，还有黄帝、唐尧乐舞《云门》《咸池》未请观，为何观止？服虔注云"周用六代之乐，尧曰咸池，黄帝曰云门，鲁受四代，下周二等，故不舞其二，季札知之，故曰有它乐，吾不敢请"[1]杜预注曰："鲁用四代之乐，故及《韶箾》而季子知其终也。季札贤明才博，在吴虽已涉见此乐歌之文，然未闻中国雅声，故请作周乐，欲听其声。然后依声以参时政，知其兴衰也。闻《秦》诗，谓之夏声；闻颂曰'五声和，八风平'，皆论声以参政也。舞毕，知其乐终，是素知其篇数。"[2]孔颖达

---

① 洪亮吉：《春秋左传诂》，北京：中华书局 1987 年版，第 613 页。
② （周）左丘明传、（晋）杜预注、（唐）孔颖达正义：《春秋左传正义》，浦卫忠、龚抗云、于振波整理，胡遂、陈咏明、杨向奎审定，北京：北京大学出版社 1999 年版，第 1107 页。

亦解曰："唯用四代之乐，不得用《云门》《大咸》，故舞及《韶箾》而季札知其终也。"①季札素知乐舞的篇数、次序、等级、规格，在《韶箾》之后若再继续请观《云门》《咸池》便是一种僭越，因而及时停止观乐，不敢再请它乐。

可见"观止"不仅"止"于乐舞在审美价值上的"尽美"与伦理价值上的"尽善"，也"止"于礼乐制度所规定的礼法。这里的"止"代表完满至极的最高标准以及不可僭越的最高礼法。由此而来的成语"叹为观止"所凝炼的正是其双重不可超越性。

后来清人吴楚材、吴调侯又编选有《古文观止》，题名"观止"即标尽善尽美之义，意指古文的最上乘之作。吴兴祚序谓此书能"析义理于精微之蕴，辩字句于毫发之间"又"正蒙养而裨后学"②，表示所选古文及所加评注在内容和形式上均登峰造极，此"止"即后学之所"始"处也。

第六节 《春秋》与"止"——"获麟""麟趾"与"止笔"——史书撰写的起与止

"止笔"一词从《春秋》和孔子那里获得了某种典范式的内涵和固定的意义，它意味着史书的撰写在逻辑上和形式上都需要有一个标志性的事件来作为结点。而"止笔"的原因则在于"获麟"。

无论是"孔子作《春秋》"或者"孔子修订《春秋》"，这部亦经亦史的巨著都注定和这位圣人联系在一起。司马迁在《史记·孔子世家》中如是描述孔子修《春秋》的"作意"：

---

① （周）左丘明传、（晋）杜预注、（唐）孔颖达正义：《春秋左传正义》，浦卫忠、龚抗云、于振波整理，胡遂、陈咏明、杨向奎审定，北京：北京大学出版社1999年版，第1107页。

② （清）吴楚材、（清）吴调侯编选：《古文观止》，冯都良编，北京：文学古籍刊行社，1956年版，第1页。

　　鲁哀公十四年春，狩大野。叔孙氏车子锄获兽，以为不祥。仲尼视之，曰："麟也。"取之，曰："河不出图，洛不出书，吾已矣夫！"……及西狩见麟，曰："吾道穷矣！"……子曰："弗乎弗乎，君子病没世而名不称焉。吾道不行矣，吾何以自见于后世哉？"乃因史记作春秋，上至隐公，下讫哀公十四年，十二公。据鲁，亲周，故殷，运之三代。约其文辞而指博……春秋之义行，则天下乱臣贼子惧焉。

这是说孔子作或修《春秋》，动机起于获麟。鲁哀公十四年（公元前481年）春，（王室）在大野这个地方狩猎。给叔孙氏驾车的锄商猎获了一头怪兽，他们认为这是不祥之兆。孔子看了之后说："这是麒麟。"这件事多有记载。《春秋·哀公十四年》："十有四年，春，西狩获麟。"《春秋公羊传·哀公十四年》："麟者，仁兽也。有王者则至，无王者则不至……西狩获麟，孔子曰：'吾道穷矣。'"《孔丛子·记问》："叔孙氏之车子曰锄商，樵于野而获兽焉，众莫之识，以为不祥，弃之五父之衢。冉有告夫子曰：'有麏而肉角，岂天之妖乎？'夫子曰：'今何在？吾将观焉。'遂往。谓其御高柴曰：'若求之言，其必麟乎！'到视之，果信。言偃问曰：'飞者宗凤，走者宗麟。为其难致也。敢问今见，其谁应之？'子曰：'天子布德，将致太平，则麟凤龟龙先为之祥。今宗周将灭，天下无主，孰为来哉？'遂泣曰：'予之于人，犹麟之于兽也。麟出而死，吾道穷矣！'"这便是孔子泣麟的由来。麒麟，仁兽也，瑞兽也，象征着祥瑞，在太平盛世时才会出现。而如果正逢乱世衰世出现，便是出非其时。如今麒麟又死于狩猎，且无人能识，则是不祥之兆。因此，在孔子看来，在天人感应的观念上，西狩获麟隐喻着某种文化的衰亡，即"道"之"终止"。孔子向来以周代礼乐文化的传承人自居，一如他曾充满自信地说："文王既没，文不在兹乎……天之未丧斯文也，匡人其如予何？"（《论语·子罕》）。如今在获麟的昭示下，孔子沉痛绝望地意识到并承认他的主张在现实中无法得到推行，故惟有转向著述，创作或修订《春秋》，以价值评价的方式来对社会历史文化进行褒贬。在这个意义上，"获麟"是孔子作《春秋》之"起"。而在获麟后两年，即鲁哀公十六年（公元前494年），孔子去世，因而，获麟似乎也象征着哲人之将萎，预言着某种"止"。

《春秋》开创了中国古代史书的编年史体例，"系日月而为次，列时岁以相续"（《史通》），杜预《春秋左氏传序》："因其历数，附其行事。"《文心雕龙·史传》"绸三正以班历，贯四时以联事。"而"春秋"之名本身实际上也是对时间的象征。那么，编年体史书在时间上以什么作为述史的终点？孔子以"获麟"作结，也就是说，《春秋》写到哀公十四年"西狩获麟"，就止笔不再往后写了，因此唐代李白咏叹"希圣如有立，绝笔于获麟"（《古风》其一），人们又称《春秋》为"麟史"或"麟经"。

因此，在孔子和《春秋》这里，"获麟"有四层意涵：第一，"道"将"止"；第二，孔子的生命将"止"；第三，《春秋》之作意；第四，《春秋》之"止笔"。

孔子《春秋》"止笔获麟"具有垂范后世的伟大意义。后来司马迁在撰写《史记》时也效仿了这种做法。在《史记·太史公自序》的最末，司马迁自陈："于是卒述陶唐以来，至于麟止，自黄帝始。"因此，"麟"不仅是《史记》在内在逻辑上的述史之"止"，即使从外在形式上看，它亦是全书之"止"。

《汉书·武帝纪》："诏曰：'有司议曰，往者朕郊见上帝，西登陇首，获白麟以馈宗庙，渥洼水出天马，泰山见黄金，宜改故名。今更黄金为麟趾褭蹏以协瑞焉。'"颜师古注："应劭曰：'获白麟，有马瑞，故改铸黄金如麟趾褭蹏以协嘉祉也……'武帝欲表祥瑞，故普改铸为麟足马蹄之形以易旧法耳。"汉武帝认为获麟乃祥瑞之兆，便命人铸造黄金麟趾以表纪念。司马迁《史记》之述便是止笔于此。这里"止笔"于"麟趾"沟通了"止"字最原初的含义，即足趾。

"麟趾"典出《诗·周南·麟之趾》：

麟之趾，振振公子，于嗟麟兮。

麟之定，振振公姓，于嗟麟兮。

麟之角，振振公族，于嗟麟兮。

《麟之趾》在回旋往复的反复咏叹中赞美诸侯公子诚实仁厚、品德高尚，如同麒麟。南宋严粲《诗辑》指出："有足者宜踢，唯麟之足可以踢而不踢。有额者宜抵，唯麟之额可以抵而不抵。有角者宜触，唯麟之角可以触而不触。"麒麟有蹄不踢，有额不抵，有角不触，被古人看作至善至美的仁兽，因此用来喻指仁厚公子。趾：亦作止，蹄。① 出现在首句和标题中的"趾"实际上恰恰标示出了麒麟的"有所止"——"可以踢而不踢"即是有所不为，即是有所止。《毛诗序》："然则《关雎》《麟趾》之化，王者之风，故系之周公。南，言化自北而南也。《鹊巢》《驺虞》之德，诸侯之风也，先王之所以教，故系之召公。《周南》《召南》，正始之道，王化之基。"《麟之趾》是《周南》的最后一篇，和《关雎》相呼应。《小序》以为"《麟之趾》，《关雎》之应也。《关雎》之化行，则天下无犯非礼，虽衰世之公子皆信厚如麟趾之时也"。

　　获麟所带来的起与止，成为时间序列中的重要标志。这里的"止"提示的是一种"虽不能至，心向往之"的、甚至是不可企及的典范性，它不仅是时间上的"止"，更是价值上的"止"。

---

　　① 　程俊英、蒋见元：《诗经注析》，北京：中华书局 1991 年版，第 28 页。

第三章　先秦儒家与"止"

　　无论是"儒"（"需"）的最初字义之一"止䇓"，还是孔子、孟子、荀子对"止"的相关论述，或是中庸、中和、节制、有度的处世原则和人格标准，都表现出儒家始终关注在具体的情势境遇中亦即在具体的"时"之中，人的行与止、用与藏、出与处、进与退，并通过评价诸位历史人物的行为与选择，将其提炼成一种最高的伦理行为范式。

第一节　"需，止䇓也"——"止"与儒的性格塑成

　　"儒"的本字是"需"，在甲骨文中，"儒"写作"需"。① "需"字的释义历来众说纷纭，有一种则是将"需"解读为"止䇓"。许慎《说文解字》云："需，䇓也。"②段玉裁注曰："䇓者，待也。"③换言之，"需"就是"等待"的意思。那么，为何等待？许慎指出："遇雨不进，止䇓也。"④因为遇到了下雨暂时不能前进，所以要停止下来等待，这是"需"的原始情境与具体条件。在这个意义上，段玉裁提出："遇雨不进，说从雨

---

　　① 徐中舒：《甲骨文中所见的儒》，《四川大学学报（哲学社会科学版）》1975年第4期。

　　② （汉）许慎撰、（清）段玉裁注：《说文解字注·第十一篇下·雨部》，上海：上海古籍出版社1981年版，第574页。

　　③ （汉）许慎撰、（清）段玉裁注：《说文解字注·第十一篇下·雨部》，上海：上海古籍出版社1981年版，第574页。

　　④ （汉）许慎撰、（清）段玉裁注：《说文解字注·第十一篇下·雨部》，上海：上海古籍出版社1981年版，第574页。

之意。而者，䇓之意。此字为会意。……而训须。须通䇓。从而犹从䇓也。”也就是说，“需”为会意字：遇雨不进，故从“雨”；停下来等待，故从“而”训“须”通“䇓”。值得注意的是，许慎连用了“止䇓”，将“等待”的逻辑环节呈现得细致入微：“䇓”和“止”必然联系在一起，只有先停止下来，才能等待；而若要等待，则必然要先停止下来。《尔雅·释诂》有：“止，待也。”《广雅·释诂》亦云：“止，待逗也。”都将“止”解释为等待。可见“止”与“待”的意义关联。因此，“䇓”本身已经隐含了“止”的意思，“止”乃是“䇓”的必要逻辑前提，“需”之“待”其实正是一种“知止”。

“需”的含义往往从《周易·需卦》中得到解释与印证。如《玉篇》《广韵》就直接将“需”释为“卦名”；《周礼·冬官考工记》有“辀人，行数千里，马不契需”，其《疏》亦曰：“从易需卦之需”。《需》卦，乾下坎上，乾，天也，坎，水也。《需卦·彖传》曰：“需，须也。”它用“须”来定义“需”。段玉裁注云：“须即䇓之假借也。……皆待之义也。”①因此，“需”的意思即“等待”。《需卦·象传》曰：“云上于天，需。”它用乾天在下、坎水在上的卦象来象征“需”。刘沅谓：“水气在天为云，方云而未雨，蒸养太和，需之象也。”②也就是说，水蒸气聚集于天之上，有下雨的征兆，这是《需》的卦象，表示停留、等待。段玉裁曰：“此称《易》以证从雨之意。云上于天者，雨之兆也。”③换言之，《需》卦提示着“需”的原始情境，即“雨”；亦标示着“需”字“从雨”的最初依据。

更进一步，“止䇓”在《需》卦中是如何具体体现的？《需》，乾下坎

---

① (汉)许慎撰、(清)段玉裁注：《说文解字注·第十一篇下·雨部》，上海：上海古籍出版社1981年版，第574页。

② (清)刘沅：《周易恒解》，《续修四库全书·经部·易类》第26册，影印上海图书馆藏清嘉庆刻本，上海：上海古籍出版社2002年版，第37页。

③ (汉)许慎撰、(清)段玉裁注：《说文解字注·第十一篇下·雨部》，上海：上海古籍出版社1981年版，第574页。

上，就卦义而言，乾者，刚也，健也，坎者，险也，陷也。故其《象传》曰："险在前也，刚健而不陷，其义不困穷矣。"何妥亦谓："坎为险也，有险在前，不可妄涉，故须待时而后动也。"陈梦雷《周易浅述》则云："乾健坎险，以刚遇险，而不遽进以陷于险，需之义也。"也就是说，以刚健遇到有艰险在前时，不盲目冒进，不轻率妄涉，而是停下来等待时机恰当再行动，因而能够不陷入险境，免于危难，不致困穷。这里的要义在于"不妄涉""不遽进"，亦即"知止"。而"知止"又来源于对"有险在前"的预判，即预见到了危险而提前做出正确的判断，遂主动"停止并等待"，这是一种智慧，而不是盲目妄进、不知停止以致弥足深陷。一如《需》卦卦象"云上于天"所提示的那样，要趁将雨而未雨之时，提前止壄，以免沦落于滂沱；其卦义也意味着，坎在上，即是险在外、险在前，而非已经身陷其中，此时能提前预见并止壄，乃是一种睿智的远见。与《需》卦的综卦《讼》卦对比即可见出"止壄"的必要性：《讼》卦，坎下乾上，是险在内，是已经堕入危险和困境，产生了争讼和阻滞，"终凶"。因此，《需》卦通过"有险在前"的模型提示着知止而壄待的道理与适可而止、防患于未然的实践经验。

但是，这里的"止"并非彻底的终止，而是一种暂时性的休止，是一种对时机的等待，正如程颐所说："需之时，须而后进也。其意在相时而动，非戒其不可进也，直使敬慎，毋失其宜耳。"①段玉裁亦云："凡相待而成曰需。"②因此，"需"实际上是"止"与"进"之间的一个衔接点与转换点，只要时机合宜，便可以继续行进，最终达到"义不困穷"，是为"不止"，在这个层面上，"需"之等待其实正是"止"与"不止"的辩证法，这里的停止等待恰恰是为了更好地行进与跋涉，一如卦辞所云："有孚，光亨，贞吉，利涉大川"，象传所谓："义不困穷""往

---

① 程颐：《周易程氏传·卷第一·需》，《二程集》，王孝鱼点校，北京：中华书局 2004 年版，第 726 页。

② （汉）许慎撰、（清）段玉裁注：《说文解字注·第十一篇下·雨部》，上海：上海古籍出版社 1981 年版，第 574 页。

有功也"。反之，如果一味盲目妄进而不知止，则会陷入险境，不得脱身，最终获咎。因此，拿捏"止""雺""进""成"的限度，其关捩就在于"时"，也就是具体的情境、形势、条件。从初九到上六，《需》卦的爻辞在时间的推移和空间的转换中展开意义："需于郊""需于沙""需于泥""需于血""需于酒食""入于穴"，等待在郊外、在沙地上、在泥泞里、在血泊中、在洞穴内外、在酒食之间……通过列举各种具体情境下的不同处理方法及其结果，《需》卦叙述了一个关于"等待"的时空序列。

如果说《需》卦是一个"止待"情境的模型，那么"儒"在殷周易代时的具体处境则可以说是对《需》卦的现实体现与真实写照。胡适先生就在《说儒》中指出了作为"殷民族的教士"的"儒"与《需》卦的深层关联，认为："这个卦好像是说一个受压迫的人，不能前进，只能待时而动，以免陷于危险……这就很像殷商民族亡国后的'儒'了"，甚至通过"这里的'需'，都可作一种人解"的论断，将"需"从动词转换成名词，直接用"儒"来替换解释《需》卦中的"需"字，并提出卦爻辞讲的实际上是"儒"在殷商易代之时的一系列具体处境；胡适先生更进一步推测"《易》的卦爻辞的制作大概在殷亡之后，殷民族受周民族的压迫最甚的一二百年中……'需'卦所说似是指一个受压迫的知识阶级，处在忧患险难的环境，待时而动，谋一个饮食之道。这就是'儒'"。也就是说，《周易·需卦》所叙述的其实正是"儒"这个群体在殷周之际待时而动的过程。从行为来讲，"需"是等待；从行为的主语来讲，"需"即"儒"；从行为人的特征来讲，"儒"即"柔"。

这种在忧患艰险中等待时机的状态，使得"止雺"融入了"儒"的性格生成中，也展现出了"儒"的"止"义。作为殷民族的术士，在武王克商之后，"儒"面临的是朝代的灭亡，他们无法作直接的武力抵抗，而只能忍辱负重，在服务新统治者的同时，依靠文化的力量，即衣冠服饰、文字言语、礼仪风俗等，来等待复兴，等待"五百年必有王者兴"的时机。这正是一个"刚健者遇险"而"知止"的范例。如果一味抵抗，盲目邃进，那么"儒"阶层及殷文化将在战争或冲突的血与火中灭亡消失。而"儒"在亡国后选择了不抵抗和隐忍，选择了犯而不校，他们的"柔懦知止"恰恰延续了文化，在更高的意义上达成了文化的"不止"，换言之，只有"知止"才能"不止"。《说文解字》曰："儒，柔也。"①"儒"常常被认为是柔逊甚至是懦弱的意思，但在"有险于前"的情势下，这种柔懦其实正是刚健者那份能屈能伸的气度与"知止""待时"的智慧。因此，柔者，知止而壂待也。

综而观之，"儒"可从两个方面释其"止"义：（1）作为动词的"需"即等待：在殷商易代之际，"儒"忍辱负重，知止待时；（2）作为形容词的"柔"：通过"止壂"而达到文化的延续即"不止"，"儒"形成了柔懦而坚韧的姿态与人生观。

第二节　"不可则止"——"止"与孔子的行为判断及伦理选择

孔子对"止"的论述主要涉及事君交友的伦理原则，集中在如下条目②：

（1）季子然问："仲由、冉求，可谓大臣与？"子曰："吾以子为异之问，曾由与求之问。所谓大臣者，以道事君，不可则止。今由与求也，可谓具臣矣。"曰："然则从之者与？"子曰："弑父与君，亦不从也。"（《论语·先进》）

（2）子贡问友。子曰："忠告而善道之，不可则止，毋自辱

---

① （汉）许慎撰、（清）段玉裁注：《说文解字注·第八篇上·人部》，上海：上海古籍出版社1981年版，第366页。
② 另外两次分别为《论语·微子》："（丈人）止子路宿，杀鸡为黍而食之。"《论语·子张》："子游曰：'丧致乎哀而止。'"

焉。"(《论语·颜渊》)

（3）孔子曰："求，周任有言曰：'陈力就列，不能者止。'危而不持，颠而不扶，则将焉用彼相矣？"(《论语·季氏》)

君臣、朋友是"五伦"之二。在孔子看来，此二者须遵循的伦理准则都涉及"道"和"止"，即当君王、朋友的行为偏离"道"时，则要谏劝，如若不听取，则要停止谏劝。君臣、朋友属于非家庭关系，它们是从家庭关系即父子、夫妇、兄弟推衍而来，已超出了"齐家"的层面。在孔子这里，"止"原则的运用显然仅限于非家庭关系，而不适用于家庭关系中。譬如子曰："事父母几谏，见志不从，又敬不违，劳而不怨。"(《论语·里仁》)侍奉父母，对待他们的过错，要委婉地劝谏，如果他们不听，仍要尊敬他们，这样我们虽然忧劳，但不埋怨。这里"不违"有两种解释，一种是不违背、不触怒、不冒犯；一种是不倦、不放弃，如毛子水先生认为："违有离意，'不违'，不放弃谏志。《礼记·内则》：'父母有过，下气、怡色、柔声以谏。谏若不入，起敬起孝，说则复谏；不说，与其得罪于乡党州闾，宁熟谏！'《礼记·坊记》：'子云，从命不忿，微谏不倦，劳而不怨。'《坊记》似即复述《论语》这章的。'不倦'是指'不违'。"[1]即在合适的时机一直尽力规劝。而无论是不触犯还是微谏不倦，哪一种解释，其前提实质上都是要维持此伦理关系，不脱离此伦理关系——不触犯即是维护父子关系，微谏不倦即是基于长久地处于父子关系之中不脱离。这是因为在孔子看来，父母、夫妇、兄弟等家庭关系是无法断绝、无法脱出的，不可能"止"。所以，"止"只能出现在非家庭关系，即君臣、朋友的伦理准则中。

在君臣方面，孔子强调"以道事君"，即依凭道义侍奉君主。这其

---

① 毛子水：《论语今注今译》，台北：台湾商务印书馆 1975 年版，第 58~59 页。

实涉及"道"与"势"的关系，亦即"道义"与"权力"的关系。换言之，臣子侍奉君主，并非一味迎合、惟命是从，而是要以"道义"作为根本原则。那么，当"道"与"势"出现分歧和发生冲突时，臣子应当如何自处、如何行事？子曰："所谓大臣者，以道事君，不可则止。"意即若道不行，则停止事君。邢昺疏曰："此章明为臣事君之道……言所可谓之大臣者，以正道事君，君若不同己道，则当退止也。"①朱熹注曰："以道事君者，不从君之欲。不可则止者，比行己之志。"②换言之，"止"乃是"道"与"势"之间的空隙地带，是"道"与"势"相抗衡的支点与退路。所谓"天下有道则见，无道则隐"（《论语·泰伯》），"隐"的前提即是"止"。当无法以道事君时，君子尚可行己之志，尚有"止"的选择与尊严。可见，"止"看似是被迫停止，实际上是君子主动的抉择，它是"道"与"势"相抗衡所形成的张力空间。对于孔子的论断，皇侃疏曰："以道事君，谓君有恶名必谏也；不可则止，谓三谏不从则越境而去者也。"③当国君的行为出现偏差时，不能放任之，而要谏君，力求使国君的行为符合道义；但又不可无限度地谏君，三谏而不从则要停止。这一伦理原则涉及一个典范性的历史事件。《春秋·庄公二十四年》有："冬，戎侵曹，曹羁出奔陈。"《公羊传·庄公二十四年》曰："曹羁者，何？曹大夫也。曹无大夫，此何以书？贤也。何贤乎曹羁？戎将侵曹，曹羁谏曰：'戎众以无义，君请勿自敌也。'曹伯曰：'不可。'三谏不从，遂去之，故君子以为得君臣之义也。"曹羁三谏曹伯，即以道事君；曹伯不从，曹羁离开，即停止事君；这可谓是得君臣之义。何休注《公羊春秋》又引孔子曰："所谓大臣者以道事君，不可则止，此之谓也。"可见此事和孔子的话常常相互释证。孔子此语不仅被赋予了上述历史蕴

---

① （魏）何晏集解、（宋）邢昺疏：《论语注疏》，朱汉民整理，张岂之审定，北京：北京大学出版社 1999 年版，第 152 页。

② （宋）朱熹：《四书章句集注》，北京：中华书局 1983 年版，第 128 页。

③ （三国·魏）何晏集解、（南朝·梁）皇侃义疏：《论语集解义疏》卷六，北京：中华书局 1985 年版，第 156 页。

涵，同时也自有其现实指涉。孔子这句话其实是针对仲由和冉求而发，根据"以道事君，不可则止"的原则来检验，仲由和冉求则既失诸"道"又失诸"止"，一如邢昺所云："今二子臣于季氏，季氏不道而不能匡救，又不退止，唯可谓备臣数而已，不可谓之大臣。"①季氏不道，由、求二人既不谏，谏若季氏不从，二人亦不停止事君，因此二人的行为只能说初具臣子之大体而已，不能称得上是符合君臣之义。孔子随言给出底线：二人虽不谏不止，但若季氏有弑上之事，则二人也不会惟命是从，不会从君所欲，仍会有所不为。然而与"不可则止"相比，此"不从"已陷入被动，丧失了"以道事君"的主动性。在这个意义上，"谏""止""不从"等都是"道"与"势"关系的不同刻度，是"道"与"势"冲突时的不同伦理行为，而"以道事君，不可则止"则是最符合君臣之义的准则，"止"在其中亦最大限度地扩展了"道"与"势"之间的罅隙，彰显了君子的主体性与主动性。

如果说"以道事君，不可则止"是出于对君臣之义的考量，那么"陈力就列，不能者止"则是君子作为臣子的自我审视。马融曰："言当陈其才力，度己所任，以就其位，不能则当止。"②邢昺曰："不能则当自止退也。"③没有事君的能力，则不就其位，不谋其政。这里的能力、位置其实已经包含了"以道事君""危而持""颠而扶""修文德""服远人""守邦国"等要义，如果不能胜任，就要自行止退，就要辞职。在这个意义上，这里的"止"不啻是对"力"与"列"是否对位匹配的自省，究其实质，它仍然是基于"道"与"势"关系的自我质询，因为，季氏将伐颛顼在孔子看来是"谋动干戈于邦内"，会导致祸起萧墙、邦分崩离析的

---

① （魏）何晏集解、（宋）邢昺疏：《论语注疏》，朱汉民整理，张岂之审定，北京：北京大学出版社1999年版，第152页。

② （魏）何晏集解、（宋）邢昺疏：《论语注疏》，梁运华整理，济南：山东画报出版社2004年版，第211页。

③ （魏）何晏集解、（宋）邢昺疏：《论语注疏》，梁运华整理，济南：山东画报出版社2004年版，第212页。

后果，此时臣子当如上章一样三谏其君、不从则止，所以在孔子看来，冉求、仲由虽"皆不欲也"，但不谏不止，则确是二人的过失。这便是依凭道义来审视君臣的行为。当然，孔子的最终目的是要借此批判季氏僭越鲁君，但其"知止"之义，可得而见。

在朋友方面，孔子指出要"忠告而善道之，不可则止，毋自辱焉"。"道"者，"導"（导）也，"道"是道路，"寸"是手，指出方向，因而"導"即指路，引申为引导之意；"道之"则不是普通的引导，而是以朋友之道义来引导，循"道"而"导"之。包咸曰："忠告，以是非告之。以善道导之，不见从则止。必言之，或见辱。"①邢昺曰："此章论友也。言尽其忠以是非告之，又以善道导之，若不从己，则止而不告不导也。毋得强告导之，以自取困辱焉。以其必言之，或时见辱。"②即要按照是非尽心地劝告朋友，按照善道和婉地引导朋友，若朋友还不听从，也就罢了，不要自取其辱。换言之，当朋友的所作所为出现偏差时，有三种应对行为：忠告善导、止而不告不导、仍旧告之导之终或见辱。其中的节点是"止"，是与朋友的最佳距离。

概而言之，君臣朋友其实都是人伦关系，都涉及自我与他人的相处，在这里，孔子的行为准则是"道"，以道义事君，以善道导友，用以衡量行为的绳墨都是"道"，在遵循"道"的基础上，若君或友的行为出现对"道"的偏离，则要劝谏、忠告、引导，如果不从，便要"止"。因此，"止"是人伦关系中的界线，它是主动而非被动的，是自发而非外在的，是遵照"道"在具体情境中作出的最佳伦理行为，如果不劝谏，则是"不及"，如果不止，便是"过"，唯有"止"，才是恰到好处。

---

① （魏）何晏集解、（宋）邢昺疏：《论语注疏》，梁运华整理，济南：山东画报出版社2004年版，第212页。

② （魏）何晏集解、（宋）邢昺疏：《论语注疏》，梁运华整理，济南：山东画报出版社2004年版，第212页。

第三节 "可以止则止"——"止"与孟子的
生命范式及价值认同

如果说孔子以"止"来评价现实人物，如他的学生仲由、冉求，评价现实中的伦理关系，如事君、交友；那么在孟子这里，"止"则往往用于评价孔子。孟子通过"止"归纳出伯夷、伊尹、柳下惠、孔子等历史人物伦理行为的不同类型，并评价其利弊得失，最终突出孔子的集大成与不可逾越。这时，孔子自身在具体情境中的伦理选择，以及孔子个人一生的生命实践，被孟子奉为一种典范，并被加以无上的礼赞．因而具有了范式意义。

一、"孔子之谓集大成"——"止"与历史人物评价

孟子多次论及伯夷、伊尹、柳下惠、孔子等圣贤，一如赵岐注曰："孟子反复差(嗟)伯夷、伊尹、柳下惠之德，以为足以配于圣人，故数章陈之，犹诗人有所诵述。至于数四，盖其留意者也。"①换言之，孟子十分留意历史人物在具体情境中进退出处的伦理选择，及其参考学习价值。而在将其概括为不同类型并进行比较、评骘时，孟子常肯使用"止"这一范畴。

在与公孙丑的对话中，孟子指出孔子和伯夷、伊尹有根本的差异：

> （孟子）曰："非其君不事，非其民不使；治则进，乱则退，伯夷也。何事非君，何使非民；治亦进，乱亦进，伊尹也。可以仕则仕，可以止则止，可以久则久，可以速则速，孔子也。皆古圣人也，吾未能有行焉；乃所愿，则学孔子也……自有生民以来，未有

---

① （汉）赵岐注、（宋）孙奭疏：《孟子注疏》，廖名春、刘佑平整理，钱逊审定，北京：北京大学出版社 1999 年版，第 315 页。

孔子也。"(《孟子·公孙丑上》)

对于伯夷，孟子曰："伯夷辟纣，居北海之滨，闻文王作，兴曰：'盍归乎来！吾闻西伯善养老者。'"(《孟子·离娄上》《孟子·尽心上》)《史记·伯夷列传》亦载："伯夷、叔齐闻西伯昌善养老，盍往归焉。"赵岐则曰："殷之末世，诸侯多不义，故不就之，后乃归于西伯也。"①这是"治则进"。及西伯卒，武王东伐纣，则"伯夷、叔齐叩马而谏曰：'父死不葬，爰及干戈，可谓孝乎？以臣弑君，可谓仁乎？'……武王已平殷乱，天下宗周，而伯夷、叔齐耻之，义不食周粟，隐于首阳山，采薇而食之……遂饿死于首阳山。"(《史记·伯夷列传》)这是"乱则退"，不是他理想中的君民则不侍奉。对于伊尹，孟子曰："五就汤，五就桀者，伊尹也。"(《孟子·告子下》)赵岐注曰："伊尹为汤见贡于桀，桀不用而归汤，汤复贡之，如此者五。思济民，冀得施行其道也。"②虽然《吕氏春秋》《淮南子》《鬼谷子》《史记》诸书皆谓伊尹数次往来于夏商之间，后人亦质疑伊尹去就反复无常，但柳宗元《伊尹五就桀赞》指出伊尹的最终目的在于"仁"，并高度肯定"圣人出于天下，不夏、商其心，心乎生民而已"，又谓"圣人之急生人，莫若伊尹；伊尹之大，莫若于五就桀"。赵岐亦指出："伊尹之仁，则见于必进而为任。"③孟子又云："思天下之民匹夫匹妇有不被尧舜之泽者，若己推而内之沟中。其自任以天下之重如此，故就汤而说之以伐夏救民。"(《孟子·万章上》)在孟子看来，伊尹无往而不进、何事而非君的初衷乃是兼济天下、拯救生民，因此这恰正是"仁"的体现。

---

① (汉)赵岐注、(宋)孙奭疏：《孟子注疏》，廖名春、刘佑平整理，钱逊审定，北京：北京大学出版社1999年版，第118页。
② (汉)赵岐注、(宋)孙奭疏：《孟子注疏》，廖名春、刘佑平整理，钱逊审定，北京：北京大学出版社1999年版，第387页。
③ (汉)赵岐注、(宋)孙奭疏：《孟子注疏》，廖名春、刘佑平整理，钱逊审定，北京：北京大学出版社1999年版，第389页。

但是孟子指出，孔子和伯夷、伊尹有根本的不同，他用了四个"可以"句来总结孔子的伦理行为选择。赵岐注曰："止，处也。久，留也。速，疾去也。"①杨伯峻先释"止"曰："此处与'仕'对言，《万章下》又作'可以处而处'，意当为退处，赵岐注云：'止，处也。'按此'处'字宜读为《淮南子·主术训》'处人以誉尊'之'处'。高诱注（依陶方琦说）云：'处人，隐居者也。'则与后代'处士'之义同。"②换言之，这里的"止"与"仕"对言，"止"即"止仕"，停止出仕，表示"退处"，因此，"仕"和"止"实际上合指出处进退、行止去就。而赵岐、孙奭在注疏《孟子·告子下》《淳于髡》条时，亦皆指出："孟子言君子进退行止，未必同也，趋于履仁而已。"③"如此，则君子进退行止，亦履仁而已，何用同其进退止然后为仁也。"④二人都将"进退行止"并置合用。可见，"行"即出仕、进仕，"止"即退处，二者相对。因此，这里的"行止"均是就"天下"与"国"的层面而言，是其原义——行走、停止——在国家政治领域的比喻性展开与引申。那么，对于孔子，何谓"可以仕则仕，可以止则止"？在与万章的对谈中，孟子指出，孔子之仕于鲁，是"事道"也，所以不去而且猎较者，以其"为之兆也，兆足以行矣，而不行，而后去，是以未尝有所终三年淹也"。又说："孔子有见行可之仕，有际可之仕，有公养之仕也。于季桓子，见行可之仕也；于卫灵公，际可之仕也；于卫孝公，公养之仕也。"赵岐注曰："兆，始也。孔子每仕，常为之正本造始，欲以次治之，而不见用，占其事始而退。足以行之矣而君不行也，然后则孔子去矣。终者，竟也。孔子未尝得竟事一国也三

---

① （汉）赵岐注、（宋）孙奭疏：《孟子注疏》，廖名春、刘佑平整理，钱逊审定，北京：北京大学出版社1999年版，第94页。

② 杨伯峻《孟子译注》，北京：中华书局1960年版，第72~73页。

③ （汉）赵岐注、（宋）孙奭疏：《孟子注疏》，廖名春、刘佑平整理，钱逊审定，北京：北京大学出版社1999年版，第387页。

④ （汉）赵岐注、（宋）孙奭疏：《孟子注疏》，廖名春、刘佑平整理，钱逊审定，北京：北京大学出版社1999年版，第389页。

年淹留而不去者也。"①换言之，孔子既不像伯夷那样"可以仕而止"，也不像伊尹那样"可以止而仕"，孔子乃以道事之，不可则止：始先试行，如果他的主张可以行得通，而君主却不肯推行，这才离开。如《史记·孔子世家》记载，孔子在鲁国由大司寇行摄相事且颇有政绩时，季桓子欲接受齐国馈赠的女乐文马，便说服鲁君往观终日，怠于政事，此时"子路曰：'夫子可以行矣。'孔子曰：'鲁今且郊，如致膰乎大夫，则吾犹可以止。'桓子卒受齐女乐，三日不听政；郊，又不致膰俎于大夫。孔子遂行"。这里的"止"指"留下"（仕），"行"指"离开"（止）。子路认为季桓受贿、鲁君怠政便可离开，但孔子则要留待郊祀时视季桓子是否分赐宗庙祭肉再决定去留。可见，孔子是依据具体的外在时势因素与个体内在因素来判断自己的行止进退。因此，孔子有因为寄望可以行道而出仕的，如鲁季桓；有因为礼遇不错而出仕的，如卫灵公；有因为国君养贤而出仕的，如卫孝公。然而孔子周游历聘，未尝有于一国得终三年淹留而不离开者，因诸国君皆不行孔子之道也。这也恰恰印证了孔子自己所说的"以道事君，不可则止"。进一步，何谓"可以久则久，可以速则速"？《孟子·万章下》又有："孔子之去齐，接淅而行；去鲁，曰：'迟迟吾行也'，去父母国之道也。"孙奭指出："言孔子之去齐急速，但溃米不及炊而即行，以其避恶，故如是也；去鲁国，则曰迟迟而不忍行去，此为去父母国之道也。所谓父母国者，孔子所生于鲁国，故为父母之国也。"②在齐国，起初齐景公问政问礼于孔子而大悦，欲封田于孔子，孔子本可有"行可之仕"；及齐相晏婴排挤，齐景公则谓不能像鲁君对待季氏那样对待孔子，此时孔子已失"际可之仕"；及闻齐大夫欲迫害孔子，齐景公又称"吾老矣，弗能用也"；孔子遂行，自齐返鲁。在卫国，当卫灵公与夫人同车招摇过市，孔子曰："吾未见好德如好色

① （汉）赵岐注、（宋）孙奭疏：《孟子注疏》，廖名春、刘佑平整理，钱逊审定，北京：北京大学出版社1999年版，第330页。

② （汉）赵岐注、（宋）孙奭疏：《孟子注疏》，廖名春、刘佑平整理，钱逊审定，北京：北京大学出版社1999年版，第317页。

者也",于是丑之,去卫。在鲁国,当子路催促孔子离开,孔子尚要观望。可见,孔子停留一国的久与短,离开一国的徐与疾,都基于对具体因素(包括情感倾向)的综合判断。

孟子进一步将伯夷与柳下惠进行对比,指出两种极端:

> 孟子曰:"伯夷,非其君不事,非其友不友。不立于恶人之朝,不与恶人言。立于恶人之朝,与恶人言,如以朝衣朝冠坐于涂炭。推恶恶之心,思与乡人立,其冠不正,望望然去之,若将浼焉。是故诸侯虽有善其辞命而至者,不受也。不受也者,是亦不屑就已。柳下惠,不羞污君,不卑小官。进不隐贤,必以其道。遗佚而不怨,厄穷而不悯。故曰:'尔为尔,我为我,虽袒裼裸裎于我侧,尔焉能浼我哉?'故由由然与之偕而不自失焉,援而止之而止。援而止之而止者,是亦不屑去已。"
>
> 孟子曰:"伯夷隘,柳下惠不恭。隘与不恭,君子不由也。"
>
> (《孟子·公孙丑上》)

伯夷以己为洁,以世为污,深恐被玷染,因而即便有"可以仕"者仍不肯俯就,在孟子看来,这是"隘",即褊狭、狭隘、不能含容。柳下惠认为举世混浊,无处可逃,但是只要自身廉洁,即便与世浮沉,亦无可沾染,在孟子看来,这是"不恭",朱熹注曰"简慢"①,即轻忽怠慢,可以理解为不严肃、玩世不恭。这里孟子也用了"止"字来评价柳下惠,即"援而止之而止"。赵岐指出:"援而止之,谓三绌不慚去也。是柳下惠不以去为洁也。"②孔子云:"柳下惠为士师,三黜。人曰:'子未可以去乎?'曰:'直道而事人,焉往而不三黜?枉道而事人,何必去父母之邦?'"(《论语·微子》)士师,即典狱之官,主治讼狱。柳下惠任鲁

---

① (宋)朱熹:《四书章句集注》,北京:中华书局1983年版,第240页。

② (汉)赵岐注、(宋)孙奭疏:《孟子注疏》,廖名春、刘佑平整理,钱逊审定,北京:北京大学出版社1999年版,第119页。

士师，多次被罢免，有人问："你还不可以离开吗？"柳下惠说："如果依正道来做事，到哪里不被罢免？如果依邪道来做事，又何必离开？"在柳下惠看来，离开或不离开并无二致，离开之于洁身根本无济于事。因此，柳下惠"援而止之而止"，牵援住他让他留下便留下，这恰恰是他与世沉浮的方式，是他与浊世和解的方式。

　　无论是"隘"还是"不恭"，在孟子看来都不是君子的伦理行为。"隘"是一味"不可"，"不恭"是一味"可以"，皆缺乏对时势、能力、意愿等因素的综合审度，因而不是君子的抉择方式。孔子曾说："不降其志，不辱其身，伯夷、叔齐与！谓'柳下惠、少连，降志辱身矣。言中伦，行中虑，其斯而已矣'。谓'虞仲、夷逸，隐居放言①，身中清，废中权'。我则异于是，无可无不可。"（《论语·微子》）伯夷、叔齐是"止"，孔子用"志""身"两个方面来评价其心迹俱逸；柳下惠、少连是"不止"，除了"志""身"，孔子又用"言""行"两个方面来评价其"仕"；虞仲、夷逸是"止而不止"，除了"志""身""言""行"，孔子另外又用"清""权"两个方面来评价：其身"止"，是道之清者，而其心其言"不止"，是道之权者，证明其弃官系出于权变。可见，孔子对于逸民的伦理行为有着谨严的评价标准与细致的辨析。然而孔子表示自己与此不同，在孔子看来，没有什么是非如此不可的，如伯夷非退处不可；也没有什么是非不如此不可的，如柳下惠三黜不去；而是应该根据时势、能力、意愿等因素综合判断行止的时机。一如马融注曰："亦不必进，亦不必退"②，并非任何情况下都必须一味地如此或如彼，而要审时度势。这便是孔子的"毋必、毋固"在出处进退上的具体应用了。因此，"无可无不可"实际上是指"无必可，无必不可"，亦即"无必行，无必止"。正是在这个意义上，钱穆先生引孟子对孔子的评价来与此互释："孟子

---

　　① "放言"有两个相反的意思，其一为放置，不复言世务；其二为放肆，放纵直言。这里取后者。

　　② （魏）何晏集解、（宋）邢昺疏：《论语注疏》，朱汉民整理，张岂之审定，北京：北京大学出版社1999年版，第253页。

曰：'孔子可以仕则仕，可以止则止，可以久则久，可以速则速。'故曰无可无不可。"①换言之，孔子乃可以行则行，可以止则止，无必行，无必止。这正是孟子所推赏的行止范式。

二、"孔子，圣之时者也"——"可以止"与"时中"

综而言之，孟子对孔子行为模式的总结可概括为"可以 A 则 A"。那么，究竟应如何判断是否"可以"？如何在具体的情境中抉择行止进退、出处去就呢？司马光就曾在《疑孟》中对孟子的论断提出疑问：

> 孟子称所愿者学孔子，然则君子之行，孰先于孔子。孔子历聘七十余国，皆以道不合而去，岂非非其君不事欤？孺悲欲见孔子，孔子辞以疾，岂非非其友不友乎？阳货为政于鲁，孔子不肯仕，岂非不立于恶人之朝乎？为定哀之臣，岂非不羞污君乎？为委吏，为乘田，岂非不卑小官乎？举世莫知之，不怨天，不尤人，岂非遗佚而不怨乎？饮水，曲肱，乐在其中，岂非阨穷而不悯乎？居乡党，恂恂似不能言，岂非由由然与偕而不自失乎？是故君子，邦有道则见，无道则隐，事其大夫之贤者，友其士之仁者，非隘也。和而不同，遁世无闷，非不恭也。苟无失其中，虽孔子由之，何得云君子不由乎！

也就是说，在孔子一生的生命实践中，似乎也有过与伯夷、伊尹、柳下惠等人相似的伦理行为，那么其根本区别何在？伯夷一味退处，伊尹一味仕进，柳下惠三黜不去，皆有自己奉行始终的原则，而孔子不停变换标准，岂非"乡愿"？

孟子其实早已给出答案。孟子将四人并置对比，指出：

---

① 钱穆：《论语新解》，北京：三联书店 2002 年版，第 343 页。

孟子曰："伯夷，目不视恶色，耳不听恶声。非其君不事，非其民不使。治则进，乱则退。横政之所出，横民之所止，不忍居也。思与乡人处，如以朝衣朝冠坐于涂炭也。当纣之时，居北海之滨，以待天下之清也。故闻伯夷之风者，顽夫廉，懦夫有立志。伊尹曰：'何事非君？何使非民？'治亦进，乱亦进。曰：'天之生斯民也，使先知觉后知，使先觉觉后觉。予，天民之先觉者也；予将以此道觉此民也。'思天下之民匹夫匹妇有不与被尧舜之泽者，若己推而内之沟中，其自任以天下之重也。柳下惠，不羞污君，不辞小官。进不隐贤，必以其道。遗佚而不怨，厄穷而不悯。与乡人处，由由然不忍去也。'尔为尔，我为我，虽袒裼裸裎于我侧，尔焉能浼我哉？'故闻柳下惠之风者，鄙夫宽，薄夫敦。孔子之去齐，接淅而行；去鲁，曰：'迟迟吾行也。'去父母国之道也。可以速而速，可以久而久，可以处而处，可以仕而仕，孔子也。"

孟子曰："伯夷，圣之清者也；伊尹，圣之任者也；柳下惠，圣之和者也；孔子，圣之时者也。孔子之谓集大成。集大成也者，金声而玉振之也。金声也者，始条理也；玉振之也者，终条理也。始条理者，智之事也；终条理者，圣之事也。智，譬则巧也；圣，譬则力也。由射于百步之外也，其至，尔力也；其中，非尔力也。"（《孟子·万章下》）

伯夷退隐洁身，是圣人之"清"者，伊尹以天下自任，是圣人之"任"者，柳下惠随遇而安，是圣人之"和"者；而这三种特质，孔子均具备，正如孙奭指出："盖集大成，即集伯夷、伊尹、下惠三圣之道，是为大成耳。如所谓危邦不入，乱邦不居，是孔子之清，而不至伯夷一于清也；佛肸召而欲往，是孔子之任，而不至伊尹一于任也；南子见所不见，阳货敬所不敬，是孔子之和，而不至下惠一于和也。然则伊尹、伯夷、下惠，是皆止于一偏，未得其大全也，而孟子亦皆取之为圣者。"①如此看来，伯夷、伊尹、柳下惠皆有贯穿始终的原则，孔子却在时时变动改换，似乎不可谓集大成。然而，孔子一以贯之的原则其实正是"时"，即量时适变，根据具体的时势情境作出恰当的抉择，可以清则清，可以任则任，可以和则和，而不固执于一偏。换言之，"可以仕则仕，可以止则止，可以久则久，可以速则速"实际上就是"时"，正如赵岐所注："孔子所履，进退无常，量时为宜也"②，行止进退与"时"乃是紧密相关的。

追溯"儒"字的源头，《需》卦本身便关乎"时"，它用空间的转换来展开时间。因此，"儒"从根本上指根据时机、情境、形势、条件来判断自身的行为，在这个意义上，"儒"是时间性的，孔子则是其最突出的代表人物——"孔子，圣之时也"。一如《需》卦描摹的抽象行为模型所揭示的"止待"之义，如果说"儒"在殷周之际的处境展现了"需"的特征，那么孔子在春秋晚期的现实中，则展现了"时"的特征。那么，何谓"时"？赵岐谓："孔子，圣人，故能量时宜、动中权也。"又谓："孔子时行则行，时止则止，孔子集先圣之大道。"③赵岐将孔子的行止之"时"与《周易·艮卦》联系起来，其象辞曰："《艮》，止也。时止则止，时行则行，动静不失其时，其道光明。艮其止（北、背），止其所也。"这里的"止"显然不再局限于"止仕"，它是一种对自身的安顿，是止得其所。孔子行止不失其时，故其圣德光明。张载曰："'圣之时'，当其可之谓时，取时中也。可以行，可以止，此出处之时也，至于言语动作

---

① （汉）赵岐注、（宋）孙奭疏：《孟子注疏》，廖名春、刘佑平整理，钱逊审定，北京：北京大学出版社 1999 年版，第 318 页。
② （汉）赵岐注、（宋）孙奭疏：《孟子注疏》，廖名春、刘佑平整理，钱逊审定，北京：北京大学出版社 1999 年版，第 94 页。
③ （汉）赵岐注、（宋）孙奭疏：《孟子注疏》，廖名春、刘佑平整理，钱逊审定，北京：北京大学出版社 1999 年版，第 316 页。

皆有时也。"①可见张载将行止从出处进退推广到一切言默、动静。"当其可"即"可以行则行，可以止则止"。"时中"，指合乎时宜、随时变通，无过与不及。清代学者惠栋在《易汉学·易尚时中说》中说："易道深矣！一言以蔽之，曰'时中'。"他摹仿孔子论《诗三百》的句式将《周易》的精髓概括为"时中"。"时中"这一范畴最早出现于《周易·蒙卦》，其《彖传》曰："蒙，亨。以亨行，时中也。"意即以亨通行事，才能符合时机。张载又解释："动静不失其时，是时措之宜也。"②《礼记·中庸》有："成己，仁也；成物，知也；性之德也，合内外之道。故时措之宜也。"郑玄注："时措，言得其时而用也。"③孔颖达疏："措犹用也。言至诚者成万物之性，合天地之道，故得时而用之，则无往而不宜。"④可见，"时措"谓行止因时制宜。孙奭曰："唯孔子者，独为圣人之时者也，是其所行之行，惟时适变，可以清则清，可以任则任，可以和则和，不特倚于一偏也，故谓之孔子为集其大成、得纯全之行者也。"⑤史次耘先生注曰："因顺时宜也。"⑥杨伯峻先生谓："识时务。"⑦可见孔子之所谓圣之"时"也，正在于其行止不失其时，合乎时措之宜。

　　具体而言，孔子的生命实践如何体现出"时"？孙奭结合孔子的量时适变指出：

---

① （宋）张载：《张子语录·上》，《张载集》，章锡琛点校，北京：中华书局1978年版，第309页。
② （宋）张载《横渠易说·艮》，《张载集》，章锡琛点校，北京：中华书局1978年版，第158页。
③ （汉）郑玄注、（唐）孔颖达疏：《礼记正义》，龚抗云整理，王文锦审定，北京：北京大学出版社1999年版，第1694页。
④ （汉）郑玄注、（唐）孔颖达疏：《礼记正义》，龚抗云整理，王文锦审定，北京：北京大学出版社1999年版，第1695页。
⑤ （汉）赵岐注、（宋）孙奭疏：《孟子注疏》，廖名春、刘佑平整理，钱逊审定，北京：北京大学出版社1999年版，第317~318页。
⑥ 史次耘：《孟子今注今译》，台北：台湾商务印书馆1978年版，第270页。
⑦ 杨伯峻《孟子译注》，北京：中华书局1960年版，第234页。

言孔子之去齐急速，但渍米不及炊而即行，以其避恶，故如是也；去鲁国，则曰迟迟而不忍行去，此为去父母国之道也。……大抵孔子量时适变，其去国可以速则速，故于齐国不待炊而行也；可以久而未去则久之，故于鲁国所以迟迟吾行也；可以处此国则处之，故未尝有三年之淹；可以仕于其君则仕之；故有行可、际可、公养之仕也：凡如此者，故曰孔子如是也。①

孔子曰："吾道一以贯之。"（《论语·里仁》）孔子以道事君，并希望能推行自己的"道"，在此"道"上，孔子可以行则行，可以止则止。这便回归到了"道"的原始本义，即乍行乍止。更进一步，孔子需要把握的关键乃是行止进退的时间节点，这一刻度充分体现在"可以"二字上。何谓"可以"？首先，它表示"应该""必要"，即由外部时势因素来考量，有必要"行"或应该"止"，它包括时代的趋势、国家的治乱、君主的明昏以及君主是否行道（行可）、是否礼遇（际可）、是否养贤（公养）等因素，如孔子曰："危邦不入，乱邦不居。天下有道则见，无道则隐"（《论语·泰伯》），即是在说"危邦不可以入，乱邦不可以居。天下有道则可以见，无道则可以隐"，都表示是否"应该"之意；其二，它表示"愿意"，即由主体自身的意愿来考量，愿意"行"或愿意"止"，它包括主观情感等因素，如孔子的"可以久则久"便饱含着离开父母之国"迟迟吾行"、依依不舍的情感色彩；其三，它表示"能够"，即由主体自身的能力来考量，能够"行"或能够"止"，这意味着行止进退乃是一种主动的选择权，是一种能够把控的游刃有余，而不是情势所逼、迫于无奈或欲罢不能的被动状态，如孔子在鲁国要留待郊祀时再决定去就，便充分体现了选择的自由，它表明"止"这个抉择是由孔子主动作出，而非被情势裹挟的无可奈何，若像子路所说一开始便"止"，则是"不及"，

① （汉）赵岐注、（宋）孙奭疏：《孟子注疏》，廖名春、刘佑平整理，钱逊审定，北京：北京大学出版社 1999 年版，第 317 页。

若再停留，便是"过"，便是被迫，只有在这个刻度上离开，才是最合适的，这便是主动的选择。以上三个层面共同构成了"可以"之义，缺一不可。如伯夷是缺乏意愿，因而不可以仕，以至于避世饿死，伊尹是为意愿所裹挟，因而不可以止，以至于被世人误解为"伊尹以割烹要汤"，唯孔子则可仕可处、时行时止也，这才是圣之"时"者。

因此，如果说对于殷商之际的"儒"而言，"需"卦的最直接表现是柔懦，那么孔孟则分别以生命实践和理论概括拓展了它的深层意涵——"时"。孟子金声玉振的比喻在由始到终的线性时间中展开"圣之时者"的"集大成"之义，就像《需》卦的爻辞在时空的延宕转换中展开"止待"的卦义一样，都揭示了"时行则行，时止则止"的精神内核。

第四节　"中声之所止"——"止"与荀子的价值标准

"止"在《荀子》中屡次出场，出现次数达 54 次之多，涉及 18 个篇目、40 个段落。概而言之，荀子所论"止"，主要集中在"内圣"与"外王"两个方面。

荀子"劝学"，强调"学"的重要性，认为"学至乎没而后止也"（《荀子·劝学》），一生都应修学；但另一方面又指出"凡以知，人之性也；可以知，物之理也。以所以知人之性，求可以知物之理，而无所凝止之，则没世穷年不能遍也"（《荀子·解蔽》），换言之，"学"应当"有所止"，即有一定的界限与限度。那么，为学在价值上以什么作为标准？荀子指出：

> 故学也者，固学止之也。恶乎止之？曰：止诸至足。曷谓至足？曰：圣王。圣也者，尽伦者也；王也者，尽制者也；两尽者，足以为天下极矣。（《荀子·解蔽》）

荀子认为，为学的最高标准就在于达到"至足"。冯友兰先生指出，《大学》中所说的"大学之道"即由此而来，"当亦用荀学之观点以解释之……荀子曰：'止诸至足。'《大学》曰：'止于至善。'其义一也。"①也就是说，"至足"或"至善"是最终极的目的与限度，亦是最高的标准与境界，应尽力去达到并坚守不移。进一步，什么是"至足"？荀子认为这种难以企及的至上典范由"圣王"体现出来。王先谦指出此"言人所学当止于圣人之道及王道，不学异术也。圣王之道，是谓至足也"②。梁启雄亦引梁启超语云："圣、王，即《庄子·天下》'内圣外王'之'圣'、'王'。"③可见荀子并称"圣"与"王"。换言之，只有在"内圣"与"外王"这两个方面都达到极致，才是最高标准，才堪称"至足"。那么，什么是"圣"与"王"呢？荀子用了"尽伦"和"尽制"来界定。王先谦云："伦，物理也。制，法度也。"④梁启雄曰："伦，谓人伦，即人生哲学；制，谓制度，即政治哲学。"⑤易言之，"圣"即精通宇宙自然与人伦社会的原则，"王"即精通国家政治制度。在荀子看来，既修身尽伦、达到"内圣"的人格理想，又治国尽制、达到"外王"的政治理想，才是"至足"的最高境界。

在内圣方面，荀子强调君子要"有所止"：

> 君子之所谓贤者，非能遍能人之所能之谓也；君子之所谓知者，非能遍知人之所知之谓也；君子之所谓辩者，非能遍辩人之所辩之谓也；君子之所谓察者，非能遍察人之所察之谓也；有所止矣。（《荀子·儒效》）

---

① 冯友兰：《中国哲学史》，北京：中华书局1947年版，第439~440页。
② （清）王先谦：《荀子集解》，沈啸寰、王星贤点校，北京：中华书局1988年版，第407页。
③ 梁启雄：《荀子简释》，北京：中华书局1983年版，第305页。
④ （清）王先谦：《荀子集解》，沈啸寰、王星贤点校，北京：中华书局1988年版，第407页。
⑤ 梁启雄：《荀子简释》，北京：中华书局1983年版，第305页。

荀子认为，君子的本质规定性就在于"有所止"。君子应具备贤能、智慧、辩论、明察等品德和才能，但并不意味着君子要行进到没有余地的尽头：君子的所谓贤能，不是无所不能，而是有所不为；君子的所谓智慧，不是无所不知，而是有自知之明；君子的所谓辩论，不是巧舌如簧，而是适时沉默；君子的所谓明察，不是水至清而无鱼，而是难得糊涂。概而言之，知道有所止，才是真正意义上的君子。荀子又将"穷无穷、逐无极"和"有所止"进行对比，指出：

> 夫"坚白"、"同异"、"有厚无厚"之察，非不察也，然而君子不辩，止之也。倚魁之行，非不难也，然而君子不行，止之也。（《荀子·修身》）

曲说异理、偏僻狂怪之行，君子止而不为。王先谦案曰："'止'与《大学》'止于至善'之'止'同意，言君子之辩、之行皆不止乎此。《解蔽》篇云：'故学也者，固学止之，恶乎止之，曰止诸至足'，与此'止'之义合。"①也就是说，"止"乃是一种标准，君子不以奇诡为论辩的标准，不以谲怪为行为的标准，即"不止乎此"，而应止诸至足、至善。具体而言，荀子指出：

> 故怀负石而投河，是行之难为者也，而申徒狄能之；然而君子不贵者，非礼义之中也。"山渊平"，"天地比"，"齐秦袭"，"入乎耳，出乎口"，"钩有须"，"卵有毛"，是说之难持者也，而惠施邓析能之；然而君子不贵者，非礼义之中也。……故曰：君子行不贵苟难，说不贵苟察，名不贵苟传，唯其当之为贵。诗曰："物其有矣，惟其时矣。"此之谓也。（《荀子·不苟》）

---

① （清）王先谦：《荀子集解》，沈啸寰、王星贤点校，北京：中华书局1988年版，第31页。

可以看到，荀子不以"难为"作为"行"的标准，认为负石投河只是"苟难"；不以"难持论"作为辩说的标准，认为模棱两可的诡辩只是"苟察"。在荀子看来，君子的言行名实皆应符合"礼义之中"。荀子指出：

> 故学数有终，若其义则不可须臾舍也。为之人也，舍之禽兽也。故书者，政事之纪也；诗者，中声之所止也；礼者，法之大分，类之纲纪也。故学至乎礼而止矣。夫是之谓道德之极。礼之敬文也，乐之中和也，诗书之博也，春秋之微也，在天地之间者毕矣。（《荀子·劝学》）

礼义是人之区别于禽兽的根本所在，这尤其从《礼》《乐》《诗》《书》《春秋》等元典体现出来，如诗乐是有节制的，"至乎中而止，不使流淫也"①，所谓"发乎情，止乎礼义也"，是一种中和、协调之声。荀子亦云："故人不能不乐，乐则不能无形，形而不为道，则不能无乱。先王恶其乱也，故制雅颂之声以道之，使其声足以乐而不流。"（《荀子·乐论》）"道"者，"導"（导）也。在荀子看来，人生来要满足自己的欲望，这其实是"不知止"，换言之，人之"性"本为"不止"；在这个意义上需要圣王来"化性起伪"，即引导人按照社会的各种原则来规范自己，也就是用礼义来让人"知止"，控制自己的欲望；具体到诗乐上，诗乐本是人之性情的自然抒发，爱乐是人的天生欲求，但如果"不知止"，便会过度，便会流于淫乱，因此圣王要以雅颂之声来引导和控制自然性情的抒发，使人知道节制，亦即使人"知止"，而这样的诗乐表现出来便是一种合乎礼义的中和之声。因此可以看到，在荀子这里，君子言行的准则是礼义，是中和，是知止。对这一标准，荀子又表述为"当"与

---

① （清）王先谦：《荀子集解》，沈啸寰、王星贤点校，北京：中华书局1988年版，第11页。

"时"。王先谦即以"时止则止，时行则行"来解释"礼义之中"①，强调礼义之中即行止合乎时措之宜。也就是说，懂得适时而止，而不是一味盲目地行进，懂得以礼义来节制自己的言行，而不是一味追求其偏难，这才是最高的道德。

那么，更进一步，人的"行"与"止"具体如何控制呢？人如何才能"止于中"呢？荀子给出的答案是"心"。荀子指出："心者，形之君也，而神明之主也，出令而无所受令。自禁也，自使也，自夺也，自取也，自行也，自止也。"（《荀子·解蔽》）也就是说，人的行动或停止，都是由心来主宰的。接着，荀子又明确而细致地区分了"欲"与"心"：

> 故欲过之而动不及，心止之也。心之所可中理，则欲虽多，奚伤于治？欲不及而动过之，心使之也。心之所可失理，则欲虽寡，奚止于乱？故治乱在于心之所可，亡于情之所欲。（《荀子·正名》）

有时来自本能、天性使然的欲望极为强烈，但是行为上却没有完全照做，这是由于心在节制它。如此，只要内心所肯定、所秉持的符合道理和礼义，那么欲望再多，又有什么影响呢？有时欲望并不强烈，却最终做出了过分的行动，这是由于心在促使它。如此，一旦内心不能秉持道理，那么即便压抑性情、减少欲求，也不能减少昏乱。所以，国家的治乱，并不在于性情的欲望，而在于心所肯定的是否合理。这里，荀子把"欲"与"心"分成两个方面来对待，并认为最终决定人的行为的乃是"心"而不是"欲"。可见，在荀子看来，"心"乃是一种理性的意识，或者说是一种道德理性，它能作出合理性的思考，并调节行动。所以，人首先要"治心"，这样一来，"心"就可以根据"理"来节制人的欲望，调节人的行为，使得每个人的行为都合乎礼义，并最终达成国家的安定太

---

① （清）王先谦：《荀子集解》，沈啸寰、王星贤点校，北京：中华书局1988年版，第37页。

平。因此，这里的关键就是"心之知止"，"心"是沟通"内圣"与"外王"的枢纽之所在：国家的治乱从表面上体现为人的行为，而人的行为从根本上又由"心"决定，所以，"心之所可"是治乱之攸关。在这个意义上，荀子指出："心也者，道之工宰也。道也者，治之经理也。"（《荀子·正名》）唐代杨倞注曰："经，常也。理，条贯也。言道为理国之常法条贯也。"①也就是说，心是道的主宰，道是治理国家的根本原则，而道的实际内容"法先王，顺礼义"（《荀子·非相》），其实就是礼义，由此来调节人的行止。因此荀子赞叹："国风之好色也，传曰：'盈其欲而不愆其止。'"（《荀子·大略》）愆，过也。止，心止之也。国风既能满足人们的情欲，同时又不超过心的节制，不超过"心之所止"。而心所依据的乃是道理礼义，由此，国风正是发乎情而止乎礼义。杨倞遂径直将"止"释为"礼"："止，礼也。欲虽盈满而不敢过礼求之也。"②可见，心之所止正是礼义之中。

在"外王"方面，荀子多次强调"令行禁止，王者之事毕矣"③，注重"止"的不可逾越与不可触犯，认为如果人们能够做到有令就行、有禁就止，那么王者治国的事业也就完备了。换言之，"止"正是王者"尽制"的核心。

如果说礼义是较高的道德原则，人应该努力通过修身达到，那么法令则是国家社会最基本的行为准则，甚至是不容触犯的底线，前者具有内在自觉性，后者则具有外在强制性。体现在"止"上，则表现出"禁

---

①　梁启雄：《荀子简释》，北京：中华书局1983年版，第318页。

②　梁启雄：《荀子简释》，北京：中华书局1983年版，第381页。

③　共出现三次。《荀子·王制》："听政之大分：以善至者待之以礼，以不善至者待之以刑。两者分别，则贤不肖不杂，是非不乱。贤不肖不杂，则英杰至，是非不乱，则国家治。若是，名声日闻，天下愿，令行禁止，王者之事毕矣。"《荀子·致士》："川渊深而鱼鳖归之，山林茂而禽兽归之，刑政平而百姓归之，礼义备而君子归之。故礼及身而行修，义及国而政明，能以礼挟而贵名白，天下愿，令行禁止，王者之事毕矣。"《荀子·议兵》："故凝士以礼，凝民以政；礼修而士服，政平而民安；士服民安，夫是之谓大凝。以守则固，以征则强，令行禁止，王者之事毕矣。"此外，《荀子·王霸》"质律禁止而不偏"亦将"禁止"复合使用。

止"与"安止"的不同。

"令行禁止"并非荀子的首创。《逸周书·文传》曰:"令行禁止;王始也。"《管子·立政》云:"令则行,禁则止,宪之所及,俗之所被。如百体之从心,政之所期也。"后来《韩非子·八经》亦云:"君执柄以处势,故令行禁止。"《韩非子·难一》又有:"操令行禁止之法。"可见它逐渐演变成一个固定语汇,并常常使用在"王""政""君",即国家政治的领域;而且愈来愈带有法家色彩。"禁止"所强调的乃是一种不可违犯的强制性,甚至在荀子的学生韩非看来,"夫凡国博君尊者,未尝非法重而可以至乎令行禁止于天下者也。是以君人者分爵制禄,则法必严以重之"(《韩非子·制分》),也就是说,令行禁止的前提就是严律重法,它直接关系到国家的治乱。

对于"安止",荀子提出:

> 故职分而民不慢,次定而序不乱,兼听齐明而百姓不留:如是,则臣下百吏至于庶人,莫不修己而后敢安止,诚能而后敢受职。(《荀子·君道》)

日本学者久保爱指出:"止,谓己所立之位也。《益稷》:'安汝止'与此'止'同。"[1]《尚书·夏书·益稷》有:"禹曰:'安汝止,惟几惟康,其弼直,惟动丕应徯志,以昭受上帝,天其申命用休。'"安者,宁也,定也。正如《荀子·哀公》载孔子将人分为庸人、士、君子、贤人、大圣五类,并认为庸人的特征是"动行不知所务,止立不知所定",那么反而观之,圣贤君子就应当是"动行有所务,止立有所定",这是一种坚定与果敢,是一种定止,即安止。郑玄谓:"安汝之所止,无妄动也。"[2]换言之,就是要通过修身努力达到至足的境界,并且坚守不移。

---

[1] 梁启雄:《荀子简释》,北京:中华书局1983年版,第167页。
[2] 李民、王健:《尚书译注》,上海:上海古籍出版社2004年版,第45页。

这里的"止"不是被迫禁止，而是能从中找到安身立命的安宁，不是外在的律令，而是内心的诉求。在荀子看来，如果每一个人都能安其所止，各司其职，便能国家安定，天下太平，达到社会的理想状态。

可以看到，荀子不再像孔子、孟子那样去探究作为一个臣子应当如何事君，如何行止，而是在构设一个理想社会中的人应当如何行为，以及个体应当如何克服人性中"不止"的一面，即不符合社会性的一面。这一不同的原因在于，荀子所面临的不再是殷周之际作为遗民的"儒"需要忍辱负重的处境；不再是春秋末年周室衰微、礼崩乐坏，孔子需要考虑如何以道事君的情势；更不是战国中期处士纵横、朝秦暮楚，孟子需要在理论上总结圣贤进退出处的局面；荀子所身处的，乃是战国后期天下即将趋于大一统的前奏。相应的，此时的时代主题不再是探讨前贤的进退行止，而是为社会立法，并总结百家之学，赋予立法以理论逻辑上的依据与保证。因此，荀子站在为统治者出谋划策的立场上，一方面指出人的本能是满足欲望，也就是"不止"；另一方面提出以"心"的理性思考来节制，即"止"。在这个意义上，无论内圣抑或外王，荀子的"止"所针对的都是人性中"不止"的一面，心之所止则可以令人通过修身达到化性起伪，由此在理想的社会中使得人的行为向外符合法令，向内符合礼义，最终贯通内圣与外王，达到"止诸至足"的境界。

第四章 道家与"止"

道家的"止"源自对生命之条件性、局限性、悲剧性的警惕、反省与应对。在一切皆"有待"的情况下，只有"知止于性分之内"，才能达到"止"境。这并非对某种界限的强行突破，而是在知有所止的前提下，顺应自然本性，才可能作逍遥之游。

第一节 老子之"止"与"足"——"知止不殆,可以长久"

"止"在《老子》中仅出现了四次，但是却生成了一个极为重要并且影响深远的命题——"知止可以不殆"。当老子把"道"从普通词提升为哲学词，并作为《道德经》的元关键词时，"道"字的核心义素——止，在老子这里也成为了一个重要的范畴。可以说，老子一开始就为"止"赋予了超越性的意义。

老子两次提到"知止不殆"：

> 道常无名朴。虽小，天下莫能臣。侯王若能守之，万物将自宾。天地相合，以降甘露，民莫之令而自均。始制有名。名亦既有，夫亦将知止，知止可以不殆。譬道之在天下，犹川谷之于江海。（《老子·三十二章》）

> 名与身孰亲？身与货孰多？得与亡孰病？甚爱必大费；多藏必厚亡。故知足不辱，知止不殆，可以长久。（《老子·四十四章》）

在宇宙生成社会的层面上，老子首先从"朴散为器"的过程中体验到应该"知止"。道是无可命名和称谓的，道即未散的"朴"。道致广大而尽精微，无不包而无不入，天下没有能使道臣服的。侯王如果能守住道，万物自然而然会归从。天地间阴阳相合，降下甘露，无须指挥便润泽均匀。朴散为器，万物开始被命名，亦有了尊卑之分。名分既已制定，就要有个限度，知道适可而止，就不会殆尽。打个比方，道就像是江海，川谷就像是天下万物；川谷能汇成江海，但江海不能返而为川谷；正如道散而为天下，天下却不能返而为道。那么，为什么"知止"和"名亦既有"有逻辑上的关联？朴散为器、道裂为天下，都是不可逆的，因而，"始制有名"是必然的。王弼指出："始制，谓朴散始为官长之时也。始制官长，不可不立名分以定尊卑，故始制有名也，过此以往将争锥刀之末。"①万物兴作之初，开始有各种名称、制度、行业、长官等，因而开始有尊卑、名分、利益、名誉之争。王弼又曰："遂任名以号物，则失治之母。"②楼宇烈释曰："如果竟自用名字来称呼物，则物将离真、朴而陷于形器、名分，而失其无为之治之本了。"③也就是说，用名称来称呼物，就必然有局限性，必然会给万物之间带来主观差别，而以一者的标准去强行要求另一者，导致万物不能自然而然地敞开和真实地呈现。因此，我们可以从反面来理解，即"不知止将殆矣"。如果困于名分，追逐利益，趋之若鹜，则会离真失朴。所以王夫之曰："因于大始者无名，止于已然者有名。然既有名而能止之，则前名成而后名犹不立，过此以往，仍可为大始。天地，质也；甘露，冲也；升于地而地不居功，降自天而天不终有，是既止以后之自然，且莫令而自均，后天之冲，合

---

①　（魏）王弼：《老子道德经注》，楼宇烈：《王弼集校释》，北京：中华书局1980年版，第82页。

②　（魏）王弼：《老子道德经注》，楼宇烈：《王弼集校释》，北京：中华书局1980年版，第82页。

③　（魏）王弼：《老子道德经注》，楼宇烈：《王弼集校释》，北京：中华书局1980年版，第83页。

于先天，况夫未始有夫有止者乎？"①这或许就是庄子所说的"名止于实"（《庄子·至乐》）名止于名实相副即可，不必过度，适可而止。王夫之说"既有名而能止之"，名只要不超过实、朴、真，仍未脱离大始之自然，是后天合于先天，更何况是无名便知止。可见，"止"是宇宙演化、社会创制、文明诞生过程中的重要标准，知止才能有人类社会的赓续。一如庄子所说："彼必相与异其好恶，故异也。故先圣不一其能，不同其事。名止于实，义设于适，是之谓条达而福持。"（《庄子·至乐》）万物禀有不同的性分，因而好恶自然亦不同。故此先圣不强行用一元的标准来衡量万事万物，不强求万事万物相通。名和实相符，随性适分，这便是条理通达而福分持久长在。福持不殆正源于知止。

老子亦从相对性中感受到应该"知止"。名利和生命哪一样更亲近？身体和外物哪一样更贵重？得利和殒命哪一样更有害？过度追求必然耗费巨大，积藏过多必定损失惨重。所以知道满足就不会受到屈辱，知道适可而止就不会招致危害，如此才可以保持长久。这里的"知足"和"知止"恰恰用其原始意义昭示了其超越性意义：止最初即指足趾、足迹，《说文解字》云"足，人之足也，在下，从止、口，凡足之属皆从足"，止即趾，口像膝盖或股胫或腓，因而足指脚腿，是人站立的依据。一如张秉权先生指出："足字的原始意义应该包括：止（即现在我们日常口语中所说的脚板）、胫（即小腿）、股（即大腿）三部分。"②进一步，足为什么可以引申表示满足？林义光先生指出："口、止无人足义。本义当为餍足之足。足有止义。体下之足亦所止。故谓之足。从足之字皆以借义转注。"③人足、满足无论孰为本义孰为引申义，但足之表示餍足乃在

---

① （清）王夫之：《老子衍》，王孝鱼点校，北京：中华书局1962年版，第30~31页。

② 李圃主编：《古文字诂林》第二册，上海：上海教育出版社2000年版，第578页。

③ 李圃主编：《古文字诂林》第二册，上海：上海教育出版社2000年版，第577页。

于足有止义，而人足也是人之所以站止的根基。换言之，人从人足之站立感受到停止之义，进而感受到满足之义，满足则应该停止，所以才有字义的引申。因此，"止"从脚趾到停止，"足"从脚腿到满足，都完成了其意义从"近取诸身"到抽象的跃升。是以"知足"即"知止"也，表示在"名""货""得""爱""藏"等面前，要知道满足、知道停止。足和止皆有"止"义，不殆、长久即"不止"，因而知止方可不止。故此"知足"也数次出现在《老子》中，揭示着"知止"之义：

> 知其白，守其辱，为天下谷。为天下谷，常德乃足，复归于朴。(《老子·二十八章》)

> 知足者富。(《老子·三十三章》)

> 广德若不足。(《老子·第四十一章》)

> 祸莫大于不知足；咎莫大于欲得。故知足之足，常足矣。(《老子·第四十六章》)

"足"源于"知止"，最广大的道德虚怀若谷，知止乃常足也，没有过分的欲求乃常足也。河上公注曰："知足，人之绝利去欲，不辱于身。知可止则止，财利不累于身，声色不乱于耳目，则终身不危殆也。人能知止知足，则福禄在己，治身者神不劳，治国者民不扰，故可长久。"[1]知足之于治身、治国均为关键，绝利去欲方可不限于利欲之累，方可长久。

从文明的创制中，从日常的生存中，老子都将"知止"作为应对外

---

① 《老子道德经河上公章句》，王卡点校，北京：中华书局 1993 年版，第 176 页。

在名誉、巧利、形物的武器，只有止才能不止。

第二节 庄子"止"学

庄子之"止"究天人之际，承认人生去不可止的无奈与可悲；通内外之辨，既然外物的来去不可控制、无止，而内心欲求可以节制、有所止，那么"止"便是内外之间的界线，所以庄子强调人要"知止"，提出"知止于性分之内""知止乎其所不知"的命题；成"止"之境，用"止"象征虚静、玄默、淡泊、无为的境界。

一、存在与时间的"不可止"——庄子对"止"的感知与体认

庄子从时间的流逝中体味到了"不止"，认为"时不可止"并一再确证：

> 性不可易，命不可变，时不可止，道不可壅。(《天运》)

> 夫物，量无穷，时无止，分无常，终始无故。是故大知观于远近，故小而不寡，大而不多：知量无穷。证向今故，故遥而不闷，掇而不岐：知时无止。(《秋水》)

> 道无终始，物有死生，不恃其成。一虚一满，不位乎其形。年不可举，时不可止。消息盈虚，终则有始。(《秋水》)

> 天其运乎？地其外乎？日月其争于所乎？孰主张是？孰纲维是？孰居无事推而行是？意者其有机缄而不得已邪？意者其运转而不能自止邪？(《天运》)

庄子认知到了时间的规律与本质在于其单向性与不可停止，甚至认为天

地的运转一旦开启、一旦进入时间，便无法自己停止。可以说，庄子一开始对于"止"的体会便是超越性的、形而上的，它超越了具体实物之"止"或具体情境之"止"，而跃升到整个人间世所赖以存在的杳渺时间中。这比孔子比喻性的"逝者如斯夫，不舍昼夜"更具有形上的意味与深度。

当庄子把对时间的反思落实到对人生的思考时，便感到在时间的维度中，人生也是"不可止"、不可控的，因而庄子反复悲慨：

> 一受其成形，不亡以待尽，与物相刃相靡，其行尽如驰，而莫之能止，不亦悲乎！(《齐物论》)

> 物之傥来，寄者也。寄之，其来不可圉，其去不可止。(《缮性》)

> 生之来不能却，其去不能止。(《达生》)

> 萃乎芒乎，其送往而迎来。来者勿禁，往者勿止。(《山木》)

> 哀乐之来，吾不能御，其去弗能止。悲夫，世人直为物逆旅耳！(《知北游》)

> 忧乎知而所行恒无几时，其有止也若之何！(《则阳》)

> 吾观之本，其往无穷；吾求之末，其来无止。(《则阳》)

庄子承认人生去不可止的无奈与可悲，去不可止即是存在与时间的宿命与归宿。在这个基础上，庄子也认为人生中的名利、仁义、礼乐、财物等皆不必去刻意追逐：

昔者尧攻丛枝胥敖，禹攻有扈，国为虚厉，身为刑戮，其用兵不止，其求实无已，是皆求名实者也。(《人间世》)

及至圣人，屈折礼乐，以匡天下之形，悬跂仁义，以慰天下之心，而民乃始踶跂好知，争归于利，不可止也。此亦圣人之过也。(《马蹄》)

(官位)吾以其来不可却也，其去不可止也。(《田子方》)

财积而无用，服膺而不舍，满心戚醮，求益而不止，可谓忧矣。(《盗跖》)

庄子认为刻意追逐外物毫无意义，因为外物的来去皆不可止。那么，内心对外物的欲求便要"有所止"，切不能"无止"。可以说，"止"是庄子与世俗做无奈对抗的否定性力量。

二、"知止于性分之内"——庄子的处世原则

既然外物的来去不可控制、无止，而内心欲求可以节制、有所止，那么"止"便是内外之间的界线。所以庄子强调人要"知止"，提出"知止乎其所不知"的命题：

夫大道不称，大辩不言，大仁不仁，大廉不谦，大勇不忮。道昭而不道，言辩而不及，仁常而不成，廉清而不信，勇忮而不成。五者圆而几向方矣。故知止其所不知，至矣。(《齐物论》)

学者，学其所不能学也？行者，行其所不能行也？辩者，辩其所不能辩也？知止乎其所不能知，至矣！(《庚桑楚》)

庄子用相对主义的吊诡式语言揭示道家的真谛：大道无所称谓，大辩毋须言说，大仁无所偏爱，大廉不逊让，大勇没有伤害；因为，道讲出来就不是真道，滞于名言则不达深理，有所偏爱就无法周遍，过于廉谦就会虚伪，一味蛮勇便会带来伤害和嫉恨；这后五者简直如同以圆学方。郭象注曰："此五者，皆以有为伤当者也，不能止乎本性，而求外无已。夫外不可求而求之，譬犹以圆学方，以鱼慕鸟耳。虽希冀鸾凤，拟规日月，此愈近彼，愈远实，学弥得而性弥失。故齐物而偏尚之累去矣。"①郭象指出了"止乎本性"和"求外"两种状态，"本性"即"伤当"之"当"，即"愈远实"之"实"，即"性弥失"之"性"；"求外"即"有为"，即"以圆学方"，即"偏尚之累"。在这里，"止"是内外的界线，"求外"会愈骛愈远、伤害并失去本性，"止内"才能回归本心本性，因此，"止乎本性"，尊重每一人、事、物的原本真实神貌，不偏尚，不强求，不将一者的标准强加给另一者，便是"齐物"。换言之，"物齐"即是每一人、事、物皆"止乎本性"。那么，什么是"不知"？郭象注曰："所不知者，皆性分之外也。故止于所知之内而至也。"②性分之外无所知，不可强求，因而要止于性分之内，止乎本性。成玄英疏："夫境有大小，智有明暗，知不逮者，不须强知。故知止其分，学之造极也。"③又疏曰："率其所能，止于分内，所不能者，不强知之，此临学之至妙。"④正如《庄子·养生主》所云："吾生也有涯，而知也无涯，以有涯随无涯，殆已！"不惟"知"，推广到一切"外物"皆如是，因此刘勰《文心雕龙·序志》赞曰："生也有涯，无涯惟智。逐物实难，凭性良易。"追逐外物、

---

①　（清）郭庆藩：《庄子集释》，王孝鱼点校，北京：中华书局 1985 年版，第 88 页。

②　（清）郭庆藩：《庄子集释》，王孝鱼点校，北京：中华书局 1985 年版，第 88 页。

③　（清）郭庆藩：《庄子集释》，王孝鱼点校，北京：中华书局 1985 年版，第 88 页。

④　（清）郭庆藩：《庄子集释》，王孝鱼点校，北京：中华书局 1985 年版，第 792 页。

迷失本性就是"求外"，依凭自然天性则是"止乎性分之内"。因此，"知止其分"才是最高的"知"。

对于护养性命，庄子也摹仿老子的语气、借老子之口指出，人应该要知道"适可而止"：

> 老子曰："卫生之经，能抱一乎？能勿失乎？能无卜筮而知吉凶乎？能止乎？能已乎？能舍诸人而求诸己乎？能翛然乎？能侗然乎？能儿子乎？"（《庚桑楚》）

对于其中的"止"，郭象注："止于分也。"①成玄英疏："不逐外分。"②都是"止于本性"的意思。可见"止"是道家"卫生""养生"的要旨。庄子也用寓言来喻示"不知止"之患：

> 昔赵文王喜剑，剑士夹门而客三千余人，日夜相击于前，死伤者岁百余人。好之不厌。如是三年，国衰。诸侯谋之。太子悝患之，募左右曰："孰能说王之意止剑士者，赐之千金。"（《说剑》）

"不厌"即不知止。庄子用具体化的方式呈现出不知止的后果是"死伤者岁百余人""国衰"，其实揭示了任何事情如果过度都会带来巨大伤害之理，尤其是喜好会变为偏执。

在治国的层面，亦须"知止"。庄子通过辩证法提出对名利、智巧等的鼓吹要适可而止，否则人群便会落入"有分"的状态，有圣人就会有盗贼。因此庄子说"圣人不死，大盗不止""绝圣弃知，大盗乃止"（《胠箧》）。庄子也借评述众家流派肯定了宋钘、尹文"知止"的处世方

---

① （清）郭庆藩：《庄子集释》，王孝鱼点校，北京：中华书局 1985 年版，第786 页。

② （清）郭庆藩：《庄子集释》，王孝鱼点校，北京：中华书局 1985 年版，第786 页。

式："不累于俗，不饰于物，不苟于人，不歧于众，愿天下之安宁以活
民命，人我之养，毕足而止，以此白心。"（《天下》）"毕足而止"，知道
满足，适可而止，"不敢望有余也"①，不觊觎多余。这里的"足"无意
中提示了"止"的原始意涵，并指出了"止"的界限，以"知足"为"止"，
以"止"为"足"。宋钘、尹文又主张"见侮不辱，救民之斗，禁攻也寝
兵，救世之战"。成玄英云："寝，息也。防禁攻伐，止息干戈，意在
调和，不许战斗，假令欺侮，不以为辱，意在救世，所以然也。"②在救
世方面，仍然主张"止"，止战止斗。但庄子评价他们"虽然，其为人太
多，其自为太少……以为无益于天下者，明之不如已也。以禁攻寝兵为
外，以情欲寡浅为内。其小大精粗，其行适至是而止"。为利他，外行
也，为利己，内行也，无论是禁攻寝兵，还是情欲寡浅、毕足而止，宋
钘、尹文都推行"止"，但是，他们自身的救世之行却不遗余力、不知
止，因此，庄子规劝其"不如已也"，是庄子从他人的"不止"看到了应
该"知止"。成玄英云："已，止也。苦心劳形，乖道逆物，既无益于宇
内，明不如止而勿行。"③这里有两个层次，其一，他们的主张是"止"；
其二，他们自身的行为是"不知止"，以至于"虽天下不取，强聒而不舍
者也，故曰：上下见厌而强见也"，为人所厌。可见由于"不知止"，好
的主张也无法为人所接受。所以庄子建议他们"适至是而止"，即把握
好分寸和尺度，知道恰到好处、适可而止。成玄英云："自利利他，内
外两行，虽复大小有异，精粗稍殊，而立趋维纲，不过适是而已矣。"④
无论是利他还是自利，无论是内行还是外行，虽然有大小、精粗的不

---

① （清）郭庆藩：《庄子集释》，王孝鱼点校，北京：中华书局1985年版，第
1082页。

② （清）郭庆藩：《庄子集释》，王孝鱼点校，北京：中华书局1985年版，第
1083页。

③ （清）郭庆藩：《庄子集释》，王孝鱼点校，北京：中华书局1985年版，第
1085页。

④ （清）郭庆藩：《庄子集释》，王孝鱼点校，北京：中华书局1985年版，第
1086页。

同，但其准则总归是适可而止。换言之，"行"的准则即"止"。

三、"止境"——"止"的最高精神境界

"知止"能达到怎样的境界？庄子用多种方式呈现"止境"。

通过视觉性的形象，庄子指出：

> 瞻彼阕者，虚室生白，吉祥止止。夫且不止，是之谓坐驰。
> (《人间世》)

庄子用视觉性的"瞻""白"来观道，又用"阕""虚"的虚空性来消解其可视性，形成具象与抽象结合的"止"义。对于"瞻彼阕者，虚室生白"，郭象释云："夫视有若无，虚室者也。虚室而纯白独生矣。"①成玄英曰："瞻，观照也。彼，前境也。阕，空也。观察万有，悉皆空寂，故能虚其心室，乃照真源，而智慧明白，随用而生。白，道也。"②陆德明援引司马彪、崔撰等人语云："司马云：'空也。'《虚室生白》崔云：'白者，日光所照也。'司马云：'室比喻心，心能空虚，则纯白独生也。'"③庄子的意思是，观照虚空，心能虚静，则道生。在这里，"瞻"指观，"阕"是空，"室"指心，"白"指道，表现出唯道集虚、虚心生道的境界。对于"吉祥止止"，郭象云："夫吉祥之所集者，至虚至静也。"④成玄英云："吉者，福善之事。祥者，嘉庆之征。止者，凝静之

---

① (清)郭庆藩：《庄子集释》，王孝鱼点校，北京：中华书局 1985 年版，第 151 页。

② (清)郭庆藩：《庄子集释》，王孝鱼点校，北京：中华书局 1985 年版，第 151 页。

③ (清)郭庆藩：《庄子集释》，王孝鱼点校，北京：中华书局 1985 年版，第 151 页。

④ (清)郭庆藩：《庄子集释》，王孝鱼点校，北京：中华书局 1985 年版，第 151 页。

智。言吉祥善福，止在凝静之心，亦能致吉祥之善应也。"①这里的"止止"，可以理解为"止于止"，一如陈鼓应先生指出："前面的'止'字是动词，后面的'止'字是名词，喻凝静之心。"②作为动词的"止"表示凝集、聚集，作为名词的"止"表示至虚至静之心。吉祥止于止，意味着心要知止，要有凝静之智。唯道集虚，相应的，唯"止"能"止"吉祥，唯有至虚至静之心能汇聚吉祥善福，并能相合感应，致吉祥之善应。反之，"夫且不止，是之谓坐驰"，形似止而心不宁静，这就是《文心雕龙·神思》所谓"形在江海之上，心存魏阙之下"。郭象曰："若夫不止于当，不会于极，此为以应坐之日而驰骛不息也。故外敌未至而内已困矣，岂能化物哉！"③成玄英言："苟不能形同槁木，心若死灰，则虽容仪端拱，而精神驰骛，可谓形坐而心驰者也。"④庄子将"止"分为"形"与"心"两个层面，形心俱止才是真正意义上的"止"，形止而心不止则是"坐驰"。因此"止"的关键在于心止，即心的宁静虚空。心一念止则吉祥止止，鬼神来舍，一念驰则内心困顿，迷失于外物，无所依归，备受责非。那么，怎样做到"心止"？要外遗于形，内忘于智，堕肢体，黜聪明，虚怀任物，斋心坐忘，则无往而不化，更无人间之累。如此才能达到"虚室生白，吉祥止止"的境界。

通过听觉性的声音，庄子指出："吾止之于有穷，流之于无止。"（《天运》）这里庄子是在探讨"至乐"，即最高最好的音乐。陈鼓应先生云此意指："我演奏有时而止，回声却流泛无穷。"⑤即演奏停止后，余

---

① （清）郭庆藩：《庄子集释》，王孝鱼点校，北京：中华书局1985年版，第151页。

② 陈鼓应：《庄子今注今译》，北京：商务印书馆2007年版，第142页。

③ （清）郭庆藩：《庄子集释》，王孝鱼点校，北京：中华书局1985年版，第151页。

④ （清）郭庆藩：《庄子集释》，王孝鱼点校，北京：中华书局1985年版，第151页。

⑤ 陈鼓应：《庄子今注今译》，北京：商务印书馆2007年版，第431~432页。

音绕梁,余韵不止。"止"和"流"相对,流即不止。"有穷"和"无止"相对,有穷即有限,无止即无穷。换言之,音符和旋律是有限的、会停止的,但韵外之致却不会终止,它令人品赏无止,回味无穷。这种境界和庄子提倡的"言外之意"是一致的。言止之于有穷,流之于无止,是为言有尽而意无穷也。

庄子也用老子认为是"几于道"的水来喻示"止",同时也通过视觉性提出:"人莫鉴于流水,而鉴于止水。唯止能止众止。"(《德充符》)"流水"与"止水"相对为文。人可以在止水中照见自己的倒影,却不能把流水当镜子。后一句连用三个"止"字来表述道理。第一个"止"字是名词,从具象的狭义来说指"止水",从抽象的广义来说指一切"止",静止之心与物;第二个"止"字是动词,表示"使……止";第三个"止"字是名词,但指所有未止而欲止求止者。成玄英解释道:"鉴,照也。夫止水所以留鉴者,为其澄清故也;王骀所以聚众者,为其凝寂故也。止水本无情于鉴物,物自照之;王骀岂有意于招携,而众自来归凑者也。"又云:"唯,独也。唯止是水本凝湛,能止是留停鉴人,众止是物来临照。亦犹王骀忘怀虚寂,故能容止群生,由是功能,所以为众归聚也。"①成玄英将人与水对言,水所以能鉴是因为其止,人所以能归是因为其虚静,在这里,"止"诠释着道德主体吸引、容纳、聚集、使众人归凑的道德能力。

同样是以水喻德,庄子又用列子、壶子探讨"相面知几"的对话来昭示"止水为渊"的道理。当谈论到"杜德机"时,壶子曰:"向吾示之以地文,萌乎不震不正,是殆见吾杜德机也。"陆德明援引崔撰道:"崔云:'文,犹理也。''不震不正'并如字。崔本作'不诊不止',云:'如动不动也。'"又引俞樾曰:"《列子·黄帝》篇作'罪乎不诊不止',当从之。'罪'读为'□'。《说文·山部》作'□',云:'山貌。'是也。诊即

---

① (清)郭庆藩:《庄子集释》,王孝鱼点校,北京:中华书局1985年版,第194页。

震之异文。不譺不止者，不动不止也。故以□乎形容之，言与山同也。今罪误作萌，止误作正，失其义矣。据《释文》，则崔本作不譺不止，与《列子》同，可据以订正。"①因此这句话应为"□乎不震不止"。震是动，止是不动，不震不止则是欲动未动、将止未止的中间状态，包含着多种可能性。进一步，这里的"震"和"止"似乎应该联系《周易》来理解。在《周易》系统中，震，动也，以雷为象，艮，止也，以山为象，与"□"契合，与"地文"呼应。震、艮两卦相叠，则有《周易》第二十七卦"颐"卦，下震上艮；以及《周易》第六十二卦"小过"卦，下艮上震。颐卦，山下有雷，如春暖惊蛰之时，雷生于地，震动万物，萌发生长，生生不息，这是天地化生、养育万物，因此，颐，养也，《彖》传曰"天地养万物"。山下有雷，即是地之纹理、地之象，它萌生于震、艮两卦的相互作用中。这里的"山"既是因雷而震动的，又是安稳而不动摇的，象征着天地之生养万物。这里的"雷"则是有分寸的，只有在震与止之间，不震不止，又震又止，其震动才预示着春暖与生机，若完全"止"而不震，则是寒冬，颐养之时尚未到来，一如《彖》传所云"颐之时大矣哉"；若一味"震"而不知止，则会像地震一样带来毁灭和灾难。"小过"卦，山上有雷，过山雷鸣，表示小有超过。在一定意义上，它也同样强调行动要有度，要在震与止之间，否则会"大过"或"有悔"。综而言之，不震不止都是指止而将震、震而知止的状态。对此，郭象则将动静与天地相对应："夫至人，其动也天，其静也地，其行也水流，其止也渊默。渊默之与水流，天行之与地止，其于不为而自尔，一也。"②流水潺潺，行也，止水深渊，默也，郭象仍用水来揭示行止之义，认为震、止都是天地赋予，自然而然，无为而治。成玄英疏："文，象也。震，动

---

① （清）郭庆藩：《庄子集释》，王孝鱼点校，北京：中华书局1985年版，第300页。

② （清）郭庆藩：《庄子集释》，王孝鱼点校，北京：中华书局1985年版，第299页。

也。地以无心而宁静，故以不动为地文也。"①张湛《列子注》引向秀云："地文，块然若土。"②林云铭曰："犹大地寂然。"③陈鼓应先生则指出："'地文'为形容心境寂静。"④都把地归于宁静无私心，止而不动，默而不语，此为地之德也。这就像"杜德机"一样。杜德机，郭象注曰："德机不发曰杜。"⑤成玄英疏曰："杜，塞也。机，动也。至德之机，开而不发，示其凝淡。"⑥陆德明引崔譔云："塞吾德之机。"⑦德欲动而塞，将震而止，开而不发，正和大地之虚静一样，不动不止，亦动亦止。

在相面依次见"湿灰""杜德机""杜权""善者机""衡气机"后，壶子曰："吾向示之以太冲莫胜，是殆见吾衡气机也。鲵桓之审为渊，止水之审为渊，流水之审为渊，渊有九名，此处三焉。"这里的"九渊"之名见于《列子·黄帝》："鲵旋之潘为渊，止水之潘为渊，流水之潘为渊，滥水之潘为渊，沃水之潘为渊，氿水之潘为渊，雍水之潘为渊，汧水之潘为渊，肥水之潘为渊，是为九渊焉。"⑧"审"是"潭"的省字，"潭"则是"沈"的假借字，表示"深"之意。崔譔本作"潘"，云"回流所钟之域也"⑨。皆意指深渊。庄子提到了"九渊"之三。明代陈深《庄子品节》："'此三处焉'，谓杜德机、善者机、衡气机，是为三者渊也。'渊'，谓

---

① （清）郭庆藩：《庄子集释》，王孝鱼点校，北京：中华书局1985年版，第300页。

② 陈鼓应：《庄子今注今译》，北京：商务印书馆2007年版，第259页。

③ 陈鼓应：《庄子今注今译》，北京：商务印书馆2007年版，第259页。

④ 陈鼓应：《庄子今注今译》，北京：商务印书馆2007年版，第259页。

⑤ （清）郭庆藩：《庄子集释》，王孝鱼点校，北京：中华书局1985年版，第300页。

⑥ （清）郭庆藩：《庄子集释》，王孝鱼点校，北京：中华书局1985年版，第300页。

⑦ （清）郭庆藩：《庄子集释》，王孝鱼点校，北京：中华书局1985年版，第300页。

⑧ （清）郭庆藩：《庄子集释》，王孝鱼点校，北京：中华书局1985年版，第300页。

⑨ （清）郭庆藩：《庄子集释》，王孝鱼点校，北京：中华书局1985年版，第303页。

道之静深不测也。"①近人陈寿昌《南华真经正义》："鲵桓之水，非静非动，喻衡气机。止水静，喻杜德机。流水动，喻善者机。三者不同，其渊深莫测则一也。"②杜德机即至德之机塞而不发，善者机即机发而全然有生意，衡气机即以神气平等来应机。以水为喻，三者虽动静流止不同，而虚静渊深则是相同的。因此，成玄英亦疏曰："此举譬也……夫水体无心，动止随物，或鲸鲵盘桓，或螭龙腾跃，或凝湛止住，或波流湍激。虽复涟漪清淡，多种不同，而玄默无心，其致一也。故鲵桓以方衡气，止水以譬地文，流水以喻天壤，虽复三异，而虚照一焉。"③水之玄默无心，动止随物，故能涵容多种状态，无论天行地止，又同于渊深。郭象注曰："渊者，静默之谓耳。夫水常无心，委顺外物，故虽流之与止，鲵桓之与龙跃，常渊然自若，未始失其静默也。夫至人用之则行，舍之则止，行止虽异而玄默一焉，故略举三异以明之。虽波流九变，治乱纷如，居其极者，常淡然自得，泊乎忘也。"④郭象将水与至人相比拟，至人无心而顺物，表现出来有用、有舍、有行、有止、有动、有静，甚至变幻莫测、治乱纷如，但其淡然无为、渊然自若、默然玄虚却始终如一。《管子·度地》有："水出地而不流，命曰渊。谓水回旋而潴为渊，有物伏孕其中而成渊者，有止而不流者，有流而中渟为渊者，水之渟潴，因其自然之势而或流或止，皆积之以成渊焉，故曰太冲莫朕，侵寻泛溢，非人力之所施也。"水出地而不流，即是"止"也，有止才有水的汇聚，方可成渊。因此，纵观九渊，虽有静有动，其名亦多以水字旁而命，犹言水之大，但其根本仍然系于"止"。回旋、伏孕、渟潴、不流，皆"止"也，静中有动，亦动亦静，所以，就连"流"本身

---

① 陈鼓应：《庄子今注今译》，北京：商务印书馆 2007 年版，第 260 页。

② 陈鼓应：《庄子今注今译》，北京：商务印书馆 2007 年版，第 260 页。

③ （清）郭庆藩：《庄子集释》，王孝鱼点校，北京：中华书局 1985 年版，第 303 页。

④ （清）郭庆藩：《庄子集释》，王孝鱼点校，北京：中华书局 1985 年版，第 303 页。

其实也只是另一种形态的"止"罢了，流水在深渊中被"止"裹挟着，渟
潴着，积聚着，回旋着。在这个意义上，"止水之审为渊"实际上是"九
渊"的前提和本质，"止"是太冲玄极的根柢。

因此，作为名词的"止"象征着虚静、玄默、淡泊、无为的境界；
作为动词的"止"表示"止于"，是一种归依，或表示"使……止"，是一
种感召，或直接表示"停止"；而作为形容词的"止"则表示已达到这种
状态与境界。如《大宗师》有："古之真人……与乎止我德也。"陈鼓应先
生释"止"为归止、归依，"与"则通"豫"，表示宽舒之貌，因而此句是
指，宽厚的德行，令人归依①。意即：古之真人，其德与乎，止我。
"止"指"使……归依"，呈示着德行之广大。又如《达生》有："物之造
乎不形，而止乎无所化。""止乎无所化"即至人臻于无变无化的境界，
故能变化于万物。再如《外物》有："宁可以止遽。"成玄英云："遽，疾
速也。夫心性匆迫者，安静可以止之。"②止遽以宁，止，"使……止
也"。实际上，宁亦即止，遽则不知止也，因此，止可以止不知止也。

从对"不可止"的悲剧性感知，到"知止于本性"，再到虚静的"止
境"，庄子展示了多层次的"止"义，有抽象的、具象的，有视觉的、
听觉的，有状态性的境界、有趋向性的过程，构成了意涵深广的
"止"学。

第三节 "止足"之学

魏晋南北朝时期，人们从《老子》《庄子》中汲取"止"义，向外规劝
自己的言行，知止以免于辱殆，向内节制自己的欲求，虚静以合于性
分，遂推衍成"止足"之学。

"止足""知止""知足"是当时士人的常用格言，许多典籍亦专辟

①　陈鼓应：《庄子今注今译》，北京：商务印书馆 2007 年版，第 206 页。
②　(清)郭庆藩：《庄子集释》，王孝鱼点校，北京：中华书局 1985 年版，第
944 页。

"止"篇，如《抱朴子·外篇》有《知止》篇，《颜氏家训》有《止足》篇，史书如《梁书》《魏略》《晋书》《宋书》亦皆有《止足传》，所传之人大多宦成身退，淡于荣利，性静寡欲。清代赵翼《廿二史札记》云："《梁书》有不必立传而立者。'处士'之外，另立'知足'一门。其序谓鱼豢《魏略》有'知足'传，谢灵运《晋书》有'知足'传，《宋书》亦有'知足'传（赵氏原注：'今沈约书无此门，盖徐爰旧本也'），故《梁书》亦存此门。"赵翼认为不必为"知足"专门立传，但"止"的频繁出现，"止"的专辟篇章，却透露出时人的心态，折射出当时社会文化的行迹。

汉宣帝时，疏广自谓"仕宦至二千石，宦成名立，如此不去，惧有后悔"。班固《汉书·疏广传》赞曰："行止足之计，免辱殆之累"。班固化用《老子》语句，揭开了以"止足"品论人物的序幕，而疏广也成为了急流勇退的代表和典型。

东晋葛洪《抱朴子·外篇》论述时政得失及人事臧否。其中《知止》一章开篇便提出："祸莫大于无足，福无厚乎知止。抱盈居冲者，必全之算也；宴安盛满者，难保之危也。"（《抱朴子·外篇·卷四·知止第四十九》）葛洪重申老子思想，标明知止知足的重要性，认为不知餍足将致祸陷难，知止知足则能保身厚福。又强调："盖知足者常足也，不知足者无足也。常足者福之所赴也，无足者祸之所钟也。"这里的"常足"是一种完满而愉悦的精神状态与心理体验，是一种"不牵常欲，神参造化，心遗万物"的境界，纯粹、清澄而自然。要达到这种心理状态，不是要通过孜孜以求，而是要知足能止。"不知足者"的权力、财富、名誉、利益似乎在攫取中增长，但终究会有"亢悔之咎"与"濡尾之吝"，实际上落入"无足"。

葛洪将"知止"独立成篇有着极强的现实针对性。身处门阀士族时代的葛洪，目睹了高门巨室的私欲横流，"入则兰房窈窕，朱帷组帐，文茵兼舒于华第，艳容灿烂于左右……出则朱轮耀路，高盖接轸，丹旗云蔚，麾节翕赫……穷游观之娱，极畋渔之欢"；窥见了政治斗争中的惊风骇浪，如同"矰缴纷纭""坑阱充蹊"；觇得了人心的趋炎附势，"圣

明之誉，满耳而入；谄悦之言，异口同辞"。因此葛洪警醒世人要"告
退避贤，洁而且安，美名厚实，福莫大焉"，认为"情不可极，欲不可
满，达人以道制情，以计遣欲"。人对欲望、权势、名利、享乐、巧智
的追逐没有止境，因而要"止"、要节制。在列举了一系列人事以明
"止"理后，葛洪又指出"夫策奔而不止者，鲜不倾坠；凌波而无休者，
希不沉溺；弄刃不息者，伤刺之由也；斫击不辍者，缺毁之原也：盈则
有损，自然之理"，认为"日中则昃，月盈则蚀，四时之序，成功者退"
"成功之下，未易久处也"，将"知止"提升为宇宙自然及人类社会本身
的运动规律。然而葛洪数次慨叹，能明知止之理的智者甚少。时代在
"不止"中前行，见素抱朴的人"止"声回荡。

　　南北朝时北齐颜之推《颜氏家训》有"止足"专篇。"止足"者，以足
为止，以止为足，即满足了就要适可而止，知止方能真正获得心理上的
满足。不同于葛洪的道教立场，颜之推从家训的角度出发，将"少欲知
足"作为安身立命、终身服膺的准则，一来便依据《礼记》"欲不可纵，
志不可满"与祖训"勿贪势家"，提出"宇宙可臻其极，情性不知其穷，
唯在少欲知足，为立涯限尔。"(《颜氏家训·止足第十三》)颜之推深知
人性"无止"的一面，因此以寡欲而知足作为限度。从宇宙自然的法则
来看，天地万物"皆恶满盈"，由人类社会的历史教训来看，"不知纪
极，犹自败累"，因此颜之推提出"谦虚冲损，可以免害"，衣食尚足即
可，不得骄奢淫逸、穷奢极欲，"形骸之内，尚不得奢靡，己身之外，
而欲穷骄泰邪"，内以治身、外以齐家为官，皆是如此。颜之推以"止
足"作为财富、权势的界限和标准：家庭的财富"不啻此者，以义散之；
不至此者，勿非道求之"，超过了要仗义疏财，达不到也勿以不正当的
手段攫取；为官的地位，处在中品即可，"高此者，便当罢谢"，"以免
耻辱，无倾危也"。可见"止足"是颜之推立身处世、衡量人事的尺度。
而除了自然法则、历史教训，最让颜之推深有体会的当是他亲眼目睹的
不知止之祸："自丧乱以来，见因托风云，侥幸富贵，旦执机权，夜填
坑谷，朔欢卓、郑，晦泣颜、原者，非十人五人也。慎之哉！慎之

哉!"南北朝时期,战乱连年,有人侥幸暴富或得势,却不知餍足,最终导致身后有余忘缩手,眼前无路想回头,或者是白天还大权在握,晚上就尸填坑谷,或者是月初还因和卓氏、程郑一样富有而狂喜,月底就因像颜渊、原宪一样贫穷而悲泣。知止者甚少,因而更加值得警惕。这或许也是颜之推专门书写"止足"一篇的用意之所在。

《梁书·止足》开卷自序作意,通过《易》之经传,明进退存亡去就行止之理:

> 《易》曰:"亢之为言也,知进而不知退,知存而不知亡。知进退存亡而不失其正者,其唯圣人乎!"《传》曰:"知足不辱,知止不殆。"然则不知夫进退,不达乎止足,殆辱之累,期月而至矣。(《梁书·列传第四十六·止足》)

前一句是《周易》乾卦上九《文言》论析"亢龙有悔",乃不知止之咎也,圣人则能进退有度,这是儒家的解释;其后又征《老子》,引入道家的解释。最终融合二家,提出要"知进退""达止足"。姚氏检视历史,发现"虽祸败危亡,陈乎耳目,而轻举高蹈,寡乎前史",因不知止足而陷入祸败危亡的很多,而能急流勇退、及早抽身的却鲜少,值得深思反省。接着又翻检史书,一一评述《魏略》《晋书》《宋书》中的《止足传》,认为其所传之人有"遗荣好遁,远殆辱矣",又有"辞禄怀道,栖迟养志,不戚戚于贫贱,不眈眈于富贵,儒行之高者也",深表赞同。最终亦效仿史书专门为"止足"单独立传的做法,提出:

> 梁有天下,小人道消,贤士大夫相招在位,其量力守志,则当世罕闻,时或有致事告老,或有寡志少欲,国史书之,亦以为《止足传》云。

一反惯常的史书体例,而在国史、正史中独标《止足传》,就如同司马迁《史记》为货殖、滑稽等立传一样，实际上透露出史传作者的价值取向和评价语调，希冀后人能引以为鉴，知止知足。

当时史书亦多以"止足"评人，如《晋书·庾峻传》中庾峻将士人分为"朝廷之士"与"山林之士"两大类，"山林之士"中又专门有"惟无功而能知止"一类。《梁书·江淹传》载江淹谓子弟曰："平生言止足之事，亦已备矣。"与江淹在《自序传》中所云"仕所望不过诸卿二千石，有耕织伏腊之资，则隐矣，常愿幽居筑宇，绝弃人事"符节相合。《梁书·何胤传》亦有："胤虽贵显，常怀止足。"萧衍《与何胤书》评价何胤的隐居生活"想恒清豫，纵情林壑，致足欢也，既内绝心战，外劳物役，以道养和，履候无爽。"任昉《王文宪集·序》有："安以岁暮之期，申以止足之戒。"以警世人。萧绎《全德志》则云："人生行乐，止足为先。"享乐要以止足为限度，更不必说出仕犹须知止。即使贵为梁元帝，也向往着"或出或处，并以全身为贵，优之游之，咸以忘怀自逸"的生活，时刻谨记知止以全身，足见"知止"之可贵。

虽然后来史书再未有专为知止立传者，但诗人一直嗟叹讽咏着"止"题。沈约《游沈道士馆》："曰余知止足，是愿不须丰。"杜甫《南池》："皇天不无意，美利戒止足。"白居易《自宾客迁太子少傅分司》："诚合知止足，岂宜更贪饕？"丘丹《经湛长史草堂》："身退谢名累，道存嘉止足。"无怪乎严复《论世变之亟》呼吁要以"止"为教："物不足则必争，而争者人道之大患也，故宁以止足为教。"在这个意义上，止，实在是历史在行进中发出的呐喊和疾呼。

第五章 "止"与宋明理学

综观宋明理学的发展脉络，"止"不仅是其取用不竭的别材，更是其条贯首尾的主线，或者说，宋明理学家对自身观点的阐发往往都涉及对"止"的论述，如二程、张载解读《周易》"艮止"大义，朱熹、王阳明立足《大学》阐发"止于至善"之"止"，阳明后学李材提出"止修"之学，"华严不如艮"的论争则透露出儒家与佛教在"止"上的共通性。通过"止"的角度，或可窥见宋明理学发展的一条线索。

第一节 "止乃光明"——张载"止"论

将"止"阐释为"光明"，是张载对"止"义的创造性引申与发挥。张载曾潜心研究《周易》，并将其与理学结合以发明义理。《周易·贲卦》彖辞原有："艮，止也。时止则止，时行则行，动静不失其时，其道光明。"张载贯串这一原始逻辑序列的首与尾，发人之所未发，提出"止乃光明"的命题，将"止"解读为"光明"，并由此探讨理学中的修养功夫，更以此揭示理学的最高境界，不可不谓是"止"义阐述的一大创举。

一、"易大抵以艮为止，止乃光明"——"艮"之"止"义的原始生成及"艮"的视觉性

张载在《横渠易说》中指出："易言光明者，多艮之象"[1]；及著《正

---

[1] 张载：《横渠易说·艮》，《张载集》，章锡琛点校，北京：中华书局1978年版，第158页。

蒙》，又再次以原句强调①。张载之所以反复申述，是因为他读《易》时感知并把握到了某种规律，即在《周易》六十四卦中，凡表示"光明"之义的，其卦大多由艮卦参与构成。退而寻思，的确如是，如《贲卦》，离下艮上，即以"山下有火"为象，以"文明以止"为义。对其"六四"爻辞，张载也指出"以阴居阴，性为艮止，故志坚行洁，终无尤累"②，意即六四为阴爻居于阴位，止得其所，故离明矣。实际上，在《周易》的六十四个六爻卦中，由艮卦参与构成的共十五卦，依次为：蒙、谦、蛊、贲、旅、剥、大畜、颐、咸、遁、蹇、损、艮、渐、小过。其中，张载着重阐述其"光明"义的即有蒙、谦、大畜、艮。那么，为何艮卦可以表示"光明"呢？在于其"止"义。这就是张载所说的"易大抵以艮为止，止乃光明"③。可见，这里有一个"艮—止—光明"的逻辑链条。

艮与止的原初关联来自八卦。艮者，☶，止也，以"山"为象。然而，艮卦的"止"义是如何生成的？艮、☶、止、山四者之间的内在联系是如何被建构的？

由卦相"☶"视之，则张载指出："艮一阳为主于两阴之上，各得其位而其势止也。易言光明者，多艮之象，著则明之义也。"④王夫之注曰："卦有艮体，则系之以光明。阳见于外为著。阳明昭示而无所隐，异于震之动也微，坎之陷也匿。"⑤艮卦有两阴爻一阳爻，故奇数爻即阳爻决定艮卦的性质为阳卦，阳卦则有光明，所以王夫之称其为"阳明"。又因艮卦的阳爻居于最上即最外，故其光明昭著可见，没有隐藏。而同

① 张载：《正蒙·大易篇第十四》，《张载集》，章锡琛点校，北京：中华书局 1978 年版，第 53 页。

② 张载：《横渠易说·贲》，《张载集》，章锡琛点校，北京：中华书局 1978 年版，第 110 页。

③ 张载：《横渠易说·大畜》，《张载集》，章锡琛点校，北京：中华书局 1978 年版，第 117 页。

④ 张载：《正蒙·大易篇第十四》，《张载集》，章锡琛点校，北京：中华书局 1978 年版，第 53 页。

⑤ 王夫之：《张子正蒙注》，北京：中华书局 1975 年版，第 267 页。

样是两阴爻一阳爻的阳卦，由于排列次序有异，震卦"☳"的阳爻在最下，故其阳明也微，不易见到，坎卦"☵"的阳爻在中位，故其阳明也匿，有所遮掩，皆非艮卦之"著明"外现。在这个意义上，惟艮卦乃光明。可以看到，张载和王夫之都是通过一种视觉性的方式来呈现艮卦的特质与含义，他们将艮卦之阳卦的性质表征为"光明"或"阳明"，将"一阳为主于两阴之上"的序列表征为"阳见于外"的著明与昭示，通过强烈的光感视觉来阐释艮卦之相。

自卦象"山"解之，则张载再次将其诉诸视觉性，指出："所谓气也者，非待其蒸郁凝聚，接于目而后知之；苟健、顺、动、止、浩然、湛然之得言，皆可名之象尔。"①意即太虚之气原是不可见的，只有当气凝聚为万物之后，人才能从眼睛的视觉看到，同样地，乾之健、坤之顺、震之动、艮之止，原是非常抽象的观念，只有通过天、地、雷、山等形象来象征，人才得以言说。张载还以山为喻，亲切地体贴出"山"与"止"的关联："今人为学如登山麓，方其迤逦之时，莫不阔步大走，及到峭峻之处便止。"②张载从"山"中感到了"止"，无形中印证了"止"义以"山"为象。

从卦名"艮"观之，艮，从"匕""目"会意③，"匕"即"人"之反文④，故艮象目在背后，表示回望反顾，本身即具有视觉性以及视觉的方向性；同时，"艮"的原始字形又是对"见"的某种否定，即是"目有所止"，即是"不见"，所以，"艮"又是一种否定性的视觉。而当"艮"字进入《周易》系统之后，便和"止"结合起来，"止"逐渐成为了"艮"的稳

---

① 张载：《正蒙·神化篇第四》，《张载集》，章锡琛点校，北京：中华书局1978年版，第16页。

② 张载：《经学理窟·学大原下》，《张载集》，章锡琛点校，北京：中华书局1978年版，第283页。

③ 李圃：《古文字诂林》第七册，上海：上海教育出版社2004年版，第467页。

④ 李圃：《古文字诂林》第七册，上海：上海教育出版社2004年版，第467页。

定的基本义。也就是说，"艮"由目光、视线当有所止，而从《周易》中获得了固定的含义——止，它指反身不前视，故不见。在这个意义上，"艮"止于"反身"，止于背对外物的诱惑，止于"不见"，止于一种否定性的视觉。因此，"艮"的要义在于，当"我"与外物、诱惑、欲望迎面相遇时，不要继续前行甚至与之交接，而要停步转身，要以背对之，要不见不扰，所谓"反身而诚"，在这里即是"止"，是"背身而安"。

由卦义"止"解之，则张载强调一心之所止，认为"不能禁其趾而徒止其腓，腓所未听，故心不能快"，"一身而动止中列，危至熏心"，"止于心，故能艮其身"，"不能施止于心而能止其言，故悔可亡也"①。这里，心是止的关键。因而，与其说从初六到上九的爻辞是按照从下到上再到全体的人体序列来诠释爻义，毋宁说是按照视线移动的顺序来描述目光扫视之所及，甚至是"反身"即"转身"的程度与角度的渐变与完成。"艮其止（趾）"既以含混的复义掀开了诠释《艮》卦行止之义的序幕，其象辞又云："艮，止也。时止则止，时行则行，动静不失其时，其道光明"。张载解曰："学者必时其动静，则其道乃不蔽昧而明白。今人从学之久，不见进长，正以莫识动静，见他人扰扰，非关己事而所修亦废。由圣学观之，冥冥悠悠，以是终身，谓之光明可乎?"②张载再次将对行止动静的把握视觉化、具象化，认为若能适时背对物欲、适可而止，动静各得其止、各止其所，则其道不遮蔽、不暗昧，遂明白光亮；若莫识动静，则物于物、见他人扰扰，则其道昏蒙。这样一来，抽象的"时"便转换成了"光明"的视觉空间。

综而观之，"止"正是艮卦的卦相、卦象、卦名、卦义得以融为一体的内在意义根源，而"艮"的视觉性则贯通了"止"与"光明"。

---

① 张载：《横渠易说·艮》，《张载集》，章锡琛点校，北京：中华书局1978年版，第158~159页。

② 张载：《横渠易说·艮》，《张载集》，章锡琛点校，北京：中华书局1978年版，第157页。

二、"人心多则无由光明"——从蒙昧到光明：心知止方可有光明

如果说《周易》确证了"艮"与"止"在意涵上的相通与等同，那么"艮止"如何达成"光明"？具体来讲，张载在对卦义的细致阐释中揭示"止乃光明"。如《蒙》卦，下坎上艮，张载指出：

> 险而止，蒙，夫于不当止而止，是险也，如告子之不动心，必以义为外，是险而止也。蒙，险在内，是蒙昧之义。蒙方始务求学，而得之始，是得所止也。若蹇则是险在外者也。人心多则无由光明，"蒙杂而著"，"著"，古"着"字，杂着于物，所以为蒙。蒙，昏蒙也。①

坎，陷也，险也。山下有险，则止，故亨，故利贞。但蒙止乃是不得已而停止，是由外在条件压制而停止。这里张载举了孟子、告子不动心为例。王阳明指出其差异在于"告子是硬把捉着此心，要他不动；孟子却是集义到自然不动"②。换言之，告子不动心是靠外在约束强制性地使心不动，而孟子的不动心则是由内而外的不动，自然、坦荡而从容。因此，孟子的不动心是内在地集义所生，而告子的不动心却是把义视作外在的客体来诉求。蒙止就像是告子之不动心，是因陷而被迫停止。接着，张载又将《蒙》与其交卦《蹇》对比，蒙是下坎上艮，险在内，蹇是下艮上坎，险在外。蹇卦象传曰："蹇，难也，险在前也。见险而能止，知矣哉！"南宋项安世指出："险而止为《蒙》，止于外也。'见险而能止'为智，止于内也。止于外者，阻而不得进也。止于内者，有所见

---

① 张载：《横渠易说·蒙》，《张载集》，章锡琛点校，北京：中华书局 1978 年版，第 85 页。
② 陈荣捷：《王阳明传习录详注集评》，王阳明《传习录》卷上第八十一条（陆澄录），台北：台湾学生书店 1983 年版，第 107 页。

而不妄进也。此《蒙》与《蹇》之所以分也。"①也就是说,《蹇》是预见到了危险而提前做出了停止的判断,不轻举妄进,这是一种智慧,是止于内,险在外;而《蒙》是感受到了外来的阻力不得不停止,这是止于外,险在内。因此张载说《蒙》是蒙昧,并要开始致力求学。求学便能格物致知、穷理尽性,这是《大学》里"知止而后有定,定而后能静,静而后能安,安而后能虑,虑而后能得"的"得"之始,即首先要务求学而知止,才能有见险而能止的智慧,才能进一步做到得其所止,就像从告子之不动心提升到孟子之不动心。这或许就是后来朱熹将《大学》中的"得"注为"得其所止"②的来源。也正因如此,张载申明:"不得已而后为,至于不得为而止,斯智矣夫!"③最后,张载强调"人心多则无由光明"。王阳明在阐释孟子、告子不动心之异时说:"心之本体,原自不动。心之本体即是性,性即是理。性元不动,理元不动。集义是复其心之本体。"④这意味着,人心本不动,性本知止,道本光明,正是人心动、人欲多才会将自身陷入险境,遮蔽了其道之光明。为何会"人心多"?蒙,杂着于物之故也,即为物欲所困,耽于物而不知止,因而无由光明。在这个意义上,没有光明即是昏蒙,即是蒙昧。无独有偶,西方的"启蒙"(Enlightenment)也与"光明"有关。启蒙的"主要词义是获得新知新解,思想得以解放。英语的 enlightenment,法语的 éclaircissement、lumiere,德语的 Aufklarung,或指光亮穿透阴霾,或指思维由暗而转明朗。启蒙借心智之光(即笛卡尔所说的'自然之光')驱散黑暗愚昧,扫

---

① 李光地:《御纂周易折中》卷第十象下传三《蹇》卦条集说引项氏安世曰,康熙五十四年武英殿刻本。

② 朱熹:《四书章句集注》,北京:中华书局 1983 年版,第 3 页。

③ 张载:《正蒙·中正篇第八》,《张载集》,章锡琛点校,北京:中华书局 1978 年版,第 28 页。

④ 陈荣捷:《王阳明传习录详注集评》,王阳明《传习录》卷上第八十一条(陆澄录),台北:台湾学生书店 1983 年版,第 107 页。

除迷信无知。"①然而不同在于，西方的启蒙更多的是科技、理性等的行进，进而会导致欲望的膨胀，而在张载看来，求学启蒙则在于知止并得其所止，摒弃物欲私心，才能有"光明"，才能启发并照亮其"蒙"。或许正因如此，张载才将其论著命名为《正蒙》，正蒙者，正启蒙之始，即知止。所以王夫之在《张子正蒙注》的序论中申说："《大学》之道，明德以修己，新民以治人，人道备矣，而必申之曰'止于至善'。不知止至善，则不定、不静、不安，而虑非所虑，未有能得者也。"②可见"止"是正蒙的关键，是从蒙昧走向光明的关键。此外，张载还将《蒙》与《解》对比，认为"见险能止，然不可终止而已……若更退守艮止，则难无时而解也……至于解卦，则曰'其来复吉，乃得中也'，与此互见矣，盖难在内外，与震艮之动止则相反尔"。③ 解卦，下坎上震，张载认为《蒙》与《蹇》是险难在内还是外的区别，而蒙与解则是以动还是止来解难的差异，尽管见险能止是一种智慧，但险难不会自动化解，必须通过适时而动来"解难"，这才是止而不终。或许正因如此，周敦颐《通书》以《蒙艮第四十》为终篇。黄百家《宋元学案·濂溪学案》案语云："《蒙》《艮》二卦，义似不相连，《通书》以卒章者，……《蒙》以养正为圣功，而《艮》有始终成物之义。"④这就是张载所说的"造化之功……终始乎止"⑤适可而止，适时而动，方动方止，方始方终，这样的止不是终止，它提示着动，动不是妄动，它预见着止，在这个意义上，"止"是万物在时空序列中化成、存在与证成的关键。

---

① 赵一凡：《西方文论关键词》，北京：外语教学与研究出版社 2006 年版，第 385 页。

② 王夫之：《张子正蒙注》，北京：中华书局 1975 年，序论，第 2 页。

③ 张载：《横渠易说·蹇》，《张载集》，章锡琛点校，北京：中华书局 1978 年版，第 137 页。

④ 黄宗羲、黄百家、全祖望等：《宋元学案》第一册卷十一濂溪学案上，陈金生、梁运华点校，北京：中华书局 1986 年版，第 494 页。

⑤ 张载：《正蒙·大易篇第十四》，《张载集》，章锡琛点校，北京：中华书局 1978 年版，第 52 页。

再如《大畜》卦，下乾上艮。程颐在解释《艮》卦时说："艮者，止也。……乾坤之交，三索而成艮，一阳居二阴之上。阳动而上进之物，既至于上则止矣。阴者静也，上止而下静，故为艮也。然则与畜止之义何异？曰：畜止者，制畜之义，力止之也；艮止者，安止之义，止其所也。"①程颐从卦爻着手分析，指出艮卦是由两个阴爻和一个阳爻交成，阳爻动而上进，升于上位而知止，阴爻静而下降，处于下位而静止，所以艮表示止。但程颐又进一步提出，同样是表示"止"，《大畜》和《艮》有何不同呢？程颐认为，通过"畜"的双音复义，"畜止"乃是比喻制止、限定、约束牲畜之力，因此是力强而致；"艮止"则是"安止"，是安其所止。为什么"畜止"带有强制性呢？张载指出："阳卦在上，而上九又在其上，故曰'刚上而尚贤'。强学者往往心多好胜，必无心处之乃善也。"②《大畜》为下乾上艮，上面的三爻卦艮卦为阳卦，本身已呈上升之势，而又处于上位；且艮卦由两个阴爻和一个阳爻交成，阳爻又位于最上，因而有亢进之势。象辞说它"刚上而尚贤，能止健，大正也"③，是指阳卦阳爻在最上，所以刚上意味着尚贤；同时艮卦又表示止，乾卦义为健，乾内艮外，因此是止健，为大正也。但张载指出阳刚处于上位很容易心多好胜，无心处于上位才不会有亢进之悔，这和勉强、刻意从外在去求取上进，处于上位是不同的。在这个意义上，"畜止"带有强制性。但从整体上看它仍然是"止健"之"大正"，正如象传所说："天在山中，大畜，君子以多识前言往行，以畜其德"，"畜止"乃是一种谦逊的蓄积，具体而言，结合"艮"的回望反顾的本义可以看出，大畜象征君子在走上上位时停下来反省前言往行，蓄养道德，止以致远，"道大

---

① 程颐：《周易程氏传·卷第四周易下经下·艮》，《二程集》，王孝鱼点校，北京：中华书局 2004 年版，第 967~968 页。

② 张载：《横渠易说·大畜》，《张载集》，章锡琛点校，北京：中华书局 1978 年版，第 117 页。

③ 张载：《横渠易说·大畜》，《张载集》，章锡琛点校，北京：中华书局 1978 年版，第 116 页。

行也"。这就是张载所说的"定然后始有光明"，在亢悔之前及时停止，才有光明的前路。这就是为什么象辞里说"大畜，刚健笃实辉光，日新其德"，张载又强调"刚健笃实，日新其德，乃天德也"，大畜因艮止而带有"光辉"之义。

三、"定则自光明"——行止动静的修身工夫、《大学》之"定"的理学内涵与"湛一本性"之光明

易传象辞并不将绝对的停止理解为最佳的状态，而是认为"时止则止，时行则行，动静不失其时"，也就是说，依据具体的情势、条件和语境，当止则止，当行则行，当动则动，当静则静，并且在此处境下，这一选择乃是最优选择。

张载进一步将此转换为修身工夫的动静，并与《大学》联系起来，强调"定"，赋予了"止"和"光明"以全新的理学意蕴。在诠释《周易·大畜》时，张载认为：

> 定然后始有光明，惟能定已是光明矣，若常移易不定，何来光明……时止时行，"动静不失其时，其道光明"，"谦天道下济而光明"，"天在山中，大畜，君子以刚健笃实辉光，日新其德"，定则自光明，故《大学》定而至于能虑。①

张载首先从正反两个方面指出"定"是"光明"的先决条件，又强调"能定"本身已是"光明"。接着，张载以《艮》《谦》《大畜》等含有艮止的三个卦为例，论证"易大抵以艮为止，止乃光明"。《艮》卦前文已论，兹不赘述。《谦》卦，艮下坤上，为地下有山之象，表示谦卑谦让且有始有终之义。其象辞曰："谦，亨，天道下济而光明，地道卑而上行。"张

① 张载：《横渠易说·大畜》，《张载集》，章锡琛点校，北京：中华书局1978年版，第117页。

载敏锐地把握到"止"在此卦中的"光明"之义，认为"卑""下"之"谦"在特定的情势下便会带来"光明""上行"之效。一如清代学者刘沅所解："有而不居曰谦。艮内止、坤外顺，谦之意。地卑下，山高大而居其下，谦之象。以崇高之德而处于卑下，谦之意也。"①谦卦之所以吉、亨、光明，正在于其能止、能定、能卑、能下。因而刘沅又解释象辞中的"光明"曰："光明者，生成万物，化育昭著，而不可掩也。"②谦卑却能终始成物。《大畜》卦，乾下艮上，为天在山中之象，表示蓄积力量、丰富德业之义。刚健笃实、辉光焕发，这是形容君子大畜之美德，此德通过连续的修身自省而日日得到更新与发扬，就像《大学》所说"苟日新，日日新，又日新"。这里的辉光其实恰恰来自艮止——止健，蓄积刚健，这是至高至大之理。通过以上三例，张载最终得出结论"定则自光明"，即心无移易，宜动宜静，时行时止，能屈能伸，则自有光明。张载旋即援引《大学》"定而至于能虑"进行印证。《大学》开宗明义道：

> 大学之道，在明明德，在亲民，在止于至善。知止而后有定，定而后能静，静而后能安，安而后能虑，虑而后能得。物有本末，事有终始，知所先后，则近道矣。

在这一长串修身序列中，张载截取了从"定"至于"能虑"这一段，而"有定"的前提和先导正是"知止"。此外，张载还摹仿《大学》的句式和口吻说："盖得正则得所止，得所止则可以弘而至于大……极其大而后中可求，止其中而后大可有。……妄去然后得所止，得所止然后得所养而进

---

① 刘沅：《周易恒解》卷二，《槐轩全书》，清光绪三十一年豫诚堂刻本，第8页。

② 刘沅：《周易恒解》卷二，《槐轩全书》，清光绪三十一年豫诚堂刻本，第9页。

于大矣。"①可见"止"和道德的至高境界及其各种表现如正、弘、大、中、定等紧密联系在一起。定而能静、能安,看似意思相近的字眼在张载这里得到了不同的强调与归属,"定"则是起承转合的关键。那么,究竟何谓"定"呢?对于这段纲领性的文字,东汉郑玄注曰:"止,犹自处也。得,谓得事之宜也。"②郑玄将"止"直指自身,它不是迫于外在条件的被动停止,而是内心从容裕如的安顿。由此可见,定、静也同样关乎内省与自持。郑玄又将"得"诠释为"得事之宜",这在某种程度上即是一种"义"。郑玄取其首尾,则以从"止"到"义"的自处之义,昭示了源于内心之根本的光明。南宋朱熹注曰:

> 止者,必至于是而不迁之意。至善,则事理当然之极也。言明明德、新民,皆当止于至善之地而不迁。盖必其有以尽夫天理之极,而无一毫人欲之私也……止者,所当止之地,即至善之所在也。知之,则志有定向。静,谓心不妄动。安,谓所处而安。虑,谓处事精详。得,谓得其所止……知止为始,能得为终。③

可以看到,朱熹在注解"定"时恰恰一笔带过,即"志有定向",志有明晰、确定的方向性。因此,知止不是迷惘和彷徨,不是囚困或若有所失,而是内心有明确的志之所向,因而坚定不移,坚守不易,更不为人欲之私所蔽。在这里,朱熹将"止于至善"与"天理""人欲"之辨紧密联系在一起,认为"止于至善"其实是对私欲、私利、私心的摒除,并且这是一种内心的自主要求与自觉需求,而非外在强加的约束和刻意的压抑,所谓"有不务明其明德,而徒以政教法度为足以新民者;又有爱身

---

① 张载:《正蒙・中正篇第八》,《张载集》,章锡琛点校,北京:中华书局1978年版,第26~28页。

② 郑玄注、孔颖达疏:《礼记正义》,李学勤主编,龚抗云整理,王文锦审定,北京:北京大学出版社2000年版,第1859页。

③ 朱熹:《四书章句集注》,北京:中华书局1983年版,第3页。

独善，自谓足以明其明德，而不屑乎新民者；又有略知二者之当务，顾乃安于小成，狃于近利，而不求止于至善之所在者"，实皆谬矣①。因而在朱熹这里，"必至于是"表明心向往之、非至不止之精神，绝不囿于小成、近利与私欲；"不迁"则更昭示一份崇高的坚守。在这个意义上，朱熹将定、静都与心性情志密切关联起来，认为"定"关乎"志"，"静"关乎"心"，又指出："能知所止，则方寸之间，事事物物，皆有定理矣；理既有定，则无以动其心而能静矣；心既能静，则无所择于地而能安矣；能安，则日用之间，从容闲暇，事至物来，有以揆之而能虑矣；能虑，则随事观理，极深研几，无不各得其所止之地而止之矣。"②定乃是对天理的秉持和存养，同时也是对私欲的摒弃，故心能静、能安，能从容应对而得宜。

张载则将定与动静修养联系起来，并进一步揭示"光明"。这首先涉及张载对心性理气的理解。张载认为："由太虚，有天之名；由气化，有道之名；合虚与气，有性之名；合性与知觉，有心之名。"③在张载看来，太虚即天，其化为气的过程即道，性由虚与气结合构成，心由性和知觉结合构成。如此，人的本性从本质上根源于太虚的本性，因而张载指出："天性在人，正犹水性之在冰，凝释虽异，为物一也；受光有小大、昏明，其照纳不二也。"④这里张载连续使用了两个比喻，后者其实是将太虚之性比做"光"，将人的本性比做各种物，虽然不同的物接受"光"的照射有大、小、强、弱、昏暗、明亮等的差异，但它们都

---

① 朱熹：《大学或问》，《朱子全书》第六册，朱杰人、严佐之、刘永翔主编，上海：上海古籍出版社2002年版，第509页。

② 朱熹：《大学或问》，《朱子全书》第六册，朱杰人、严佐之、刘永翔主编，上海：上海古籍出版社2002年版，第510页。

③ 张载：《正蒙·太和篇》，《张载集》，章锡琛点校，北京：中华书局1978年版，第9页。

④ 张载：《正蒙·诚明篇》，《张载集》，章锡琛点校，北京：中华书局1978年版，第22页。

为"光"所照射。因而张载申述："天所性者通极于道，气之昏明不足以蔽之。"①换言之，人与物都是禀太虚而生，从本质上具有太虚之性，而在气化的过程中，同时也具有了自己的属性。张载将太虚的本性界定为"湛一"，在人则表现为仁义礼智；将气的属性界定为"攻取"，在人则体现为口腹、男女等自然属性。此外，张载又用"天地之性""气质之性"分指太虚的湛一本性和气化后在人的禀性，如刚柔、缓速、有才与不才等。在这个意义上，如何控制攻取之欲等并最大限度地发挥天地之性，便是一个亟待解决的重要问题。因之张载提出了"反本""成性"的观念，通过以理制欲、就善去恶、以湛一之性胜攻取之性、以天地之性统气质之性，来充分发掘并实现自己的太虚本性。而实际上，这个过程也是由太虚之性转化为仁义礼智的过程，是"恶尽去则善因以成"②的过程，更是"其道光明"的过程。所以，毋宁将张载的"光明"解释为太虚湛一本性或天地之性的充分实现，一如后来朱熹所说："性如日光，人物所受之不同，如隙窍之受光有大小也。"③这片光明照耀着万物和人，因其自身禀性不同，在人更因其有气质之性、攻取之欲、善恶之习的差异，因此反射的光芒有昏明之分，即对"光明"的遮蔽程度不同。而人的"反本""成性"过程，其实就是拨开禀性中的暗昧之处，让太虚之性的"光明"充分敞开的过程。这或许正是"启蒙""正蒙"的深层意涵之所指。

那么具体来说如何做到"反本""成性""光明"呢？这又涉及张载对心性结构及修养工夫的理解。关于"心"，张载认为"合性与知觉"，即心由本性与知觉合而构成；又认为"心统性情"，若按照二程的理解，

① 张载：《正蒙·诚明篇》，《张载集》，章锡琛点校，北京：中华书局1978年版，第21页。

② 张载：《正蒙·诚明篇》，《张载集》，章锡琛点校，北京：中华书局1978年版，第23页

③ 朱熹：《朱子语类》卷四性理一，《朱子语类》第一册，黎靖德编，王星贤点校，北京：中华书局1988年版，第58页。

则"情者，性之动也"①，"若既发，则可谓之情，不可谓之心"②。也就是说，性为静，为未发；情为动，为已发，而在张载这里其实可以理解为前面所说的"知觉"。在此基础上，张载强调"心能尽性"，并进一步提出要"穷理尽性"，最终达到"自明诚"，所谓"见物多，穷理多，从此就约，尽人之性，尽物之性"③。也就是说，广泛地认识、推究、掌握万事万物的道理，才能明了宇宙万物及人的本性。这里的"明"是一种透彻的洞悉，也是一种因明了而诚恳的对人性的照亮。这种照亮来源于时时刻刻的道德自律，如"为学大益在自求变化气质"④，"强学以胜其气习"⑤，即通过不断修养自身而达到尽性，具体来说则是"德不胜气，性命于气；惟胜其气，性命于德"⑥。这里的"德"可理解为仁义礼智善等道德意识，"气"则指攻取之性、气质之性，"性"指太虚湛一本性。在气化的过程中，如果德不能驾驭气，那么性就要受制于气，如果德能驾驭气，那么性的呈现则由德主宰。因此，人必须控制嗜欲，严格修养。这其实就是"定"的过程，由明诚而光明的过程。正因如此，张载反复强调"人心多则无由光明"，"人心"在这里指私欲，"人心多"犹言"德不胜气，性命于气"，即徇物嗜欲会压制道德意识，会遮蔽湛一本性的"光明"。在这个意义上，人应当努力通过明理修德来发现天地

① 程颢、程颐：《心性篇》，《河南程氏粹言》卷二，《二程集》，王孝鱼点校，北京：中华书局 2004 年版，第 1257 页。

② 程颢、程颐：《河南程氏遗书》卷一八伊川先生语四，《二程集》，北京：中华书局 2004 年版，第 240 页

③ 张载：《横渠易说·说卦》，《张载集》，章锡琛点校，北京：中华书局1978 年版，第 235 页。

④ 张载：《张子语录·语录中》，《张载集》，章锡琛点校，北京：中华书局1978 年版，第 321 页。

⑤ 张载：《张子语录·语录下》，《张载集》，章锡琛点校，北京：中华书局1978 年版，第 330 页。

⑥ 张载：《正蒙·诚明篇》，《张载集》，章锡琛点校，北京：中华书局 1978 年版，第 23 页。

之性之光明，而修身的要义就在于"止"，一如张载所说"如君子则知止也"①。

四、"集义久则自有光明"——栖止、集义、集气、集虚与"光明"

张载又进一步将"光明"与"集义"联系起来。《横渠易说·艮》有："动静不失其时，是时措之宜也，集义也，集义久则自有光明。"②《正蒙·至当篇第九》又说："动静不失其时，义之极也。义极则光明著见。"③又解释："著则明之义也。"④换言之，动静不失其时，即是适宜，即是义；如此修德，日积月累，聚集义久，则自有光明。

《中庸》谓："义者，宜也。"《说文解字》段玉裁注"宜"曰："义之本训，谓礼容各得其宜。"也就是说，宜是指动静行止言默都十分适宜、合礼、得体，这便是"义"。扬雄《法言·问道》曰："义以宜之"，韩愈《原道》云："行而宜之之谓义"，也都将"义"和"宜"联系起来。因此，"义"指具体时势情境下的行止合宜，当行则行，适可而止，是为"义"也。简言之即："义"者，知止也。那么，何谓"集义"？如何"集义"？"集"字最初的本义为群鸟栖止于树上，由"雥""木"上下会意而成；后来才在此基础上引申出聚集、聚合之义。《说文解字》："雧，群鸟在木上也。从雥、木。集，雧或省。"段玉裁注："引申为凡'聚'之称。"又指出："今字作集。"《诗·周南·葛覃》便有："黄鸟于飞，集于灌木，其鸣喈喈。"在这个层面上，"集"本身就含有"止"义。如《故训汇纂》就直

① 张载：《横渠易说·晋》，《张载集》，章锡琛点校，北京：中华书局1978年版，第133页。

② 张载：《横渠易说·艮》，《张载集》，章锡琛点校，北京：中华书局1978年版，第158页。

③ 张载：《正蒙·至当篇第九》，《张载集》，章锡琛点校，北京：中华书局1978年版，第37页。

④ 张载：《横渠易说·艮》《正蒙·大易篇第十四》，《张载集》，章锡琛点校，北京：中华书局1978年版，第158、53页。

接将"集"解释为"鸟止之名""鸟所止处之称",甚至径曰"止也"①。正因如此,"集"所表征的,绝非迫不得已的停止,而是一种身有所安的栖止,一种诗意的栖息。就像张载在阐释《诗·秦风·晨风》时说:"'鴥彼晨风,郁彼北林',晨风虽挚击之鸟,犹时得退而依深林而止也。"②意即,虽然晨风是凶猛进击的猛禽,但在一定时势下仍然会退而栖止于深林。通过这一强烈对比和戛然转折可以看出,人更应该"常安吾止"③,这是人所以为人的根本之所在,亦是人区别于鸟兽之所在。因此,《故训汇纂》也将"集"训为"得所安集也""安也"。在这个意义上,"集义"之"集"固然表示义之聚集,但更呈现出一种从容、充实、安然的状态。

"集义"首先关联着孟子对"浩然之气"的阐述。孟子在向公孙丑解释何为"浩然之气"时指出:"是集义所生者,非义袭而取之也。行有不慊于心,则馁矣。"浩然之气由义的日积月累产生,非一蹴而就,若行为有一点亏心之处,浩然之气便消馁了。张载《经学理窟·学大原上》释曰:"所以养浩然之气是集义所生者,集义犹言积善也,义须是常集,勿使有息,故能生浩然道德之气。"可见张载将"集"解读为"积",即汇聚集合。因此《经学理窟·学大原下》又解道:"气须是集义以生,义不集如何得生?"再次强调了集义的重要性。朱熹注曰:"集义,犹言积善,盖欲事事皆合于义也。"也将义落实到行止动静上。尽管孟子、朱子都注重"集义",不同在于,张载将"集义久"后所达到的境界阐释为"自有光明""光明著见",将"集义"纳入从"止"到"光明"的逻辑序列和伦理环节中。朱子认为:"只集义积累到充盛处,仰不愧,俯不怍,

---

① 宗福邦、陈世铙、萧海波主编:《故训汇纂》,北京:商务印书馆 2003 年版,第 2443~2444 页。

② 张载:《正蒙·乐器篇第十五》,《张载集》,章锡琛点校,北京:中华书局 1978 年版,第 57 页。

③ 张载:《正蒙·大易篇第十四》《横渠易说·乾》,《张载集》,章锡琛点校,北京:中华书局 1978 年版,第 51、73 页。

这气便能浩然。"仍然是就浩然之气而论述集义后的状态，张载则将这种境界从根本上视觉化，描述为"光明"，"自有"则由内在而生发，"著见"则从外在显现、充塞天地、无所不在，所以他说"其道光明，以其本之光明，故其发也光明"，这是一种油然而生、奔溢而出的光辉。

庄子也将"止"和"集"联系在一起，他在谈到"心斋"时说："若一志，无听之以耳而听之以心，无听之以心而听之以气。耳止于听，心止于符。气也者，虚而待物者也。唯道集虚。虚者，心斋也。"（《庄子·人间世》）这里的虚、气、物恰好也是张载"太虚即气"思想的关键词。张载认为："太虚无形，气之本体，其聚其散，变化之客形尔。"①又说："太虚不能无气，气不能不聚而为万物，万物不能不散而为太虚。"②并指出："气之聚散于太虚，犹冰凝释于水，知太虚即气，则无无。"③在张载这里，有一个"太虚—气—万物"的宇宙生成逻辑链条。气聚集形成万物，万物消散为气；太虚既是气的本体，又是气之凝释的场所。因而可以说，太虚是"集"气的，是待物的。在这个意义上，庄子的"气也者，虚而待物者也""唯道集虚"恰恰是张载"太虚即气"的一个绝好注脚。换言之，太虚并非真正的无，而是为了待物，是气的聚散之所由。因之，太虚实际上就是一种"集虚""待物"的状态。正因其"虚"，故能吐纳万物、终始万物。

在形而下的世界，感官和知性都是有限的，所谓听止于耳、心止于符，而"太虚"则是无限的。感官和知性能否感知，取决于太虚之气是否"集"，是否"止"，是否"光明"。或许正是在这个意义上，张载认为宇宙只有"幽明之分"，而无"有无之别"。更进一步，张载还将幽明与

① 张载：《正蒙·太和篇》，《张载集》，章锡琛点校，北京：中华书局1978年版，第3页。

② 张载：《正蒙·太和篇》，《张载集》，章锡琛点校，北京：中华书局1978年版，第3页。

③ 张载：《正蒙·太和篇》，《张载集》，章锡琛点校，北京：中华书局1978年版，第8页。

显隐、聚散、阴阳、动静、屈伸对应起来，又指出："气聚则离明得施而有形，气不聚则离明不得施而无形……方其形也，有以知幽之因；方其不形也，有以知明之故。"①王夫之注曰："离明，在天为日，在人为目，光之所丽以著其形。有形则人得而见之，明也。无形则人不得而见之，幽也。无形，非无形也，人之目力穷于微，遂见为无也。"②在王夫之的注解中，张载为我们描绘了一个由视觉、光明来决定其呈现方式的世界。离明，光明者也。气聚集则有光明，有光明则人得以感知，是为有形，为"有"也。从宇宙论转换到伦理学的层面，则在人的心性之中，太虚之气亦需"集"，亦需"安止"，其德性方能著见。具体来说，"集"太虚之气，即是通过穷理尽心、克胜气习，尤其是通过"知止"等修养，来发现天地之性、太虚湛一本性，来集义积善，从而使其德性光明。在这个意义上，集止太虚之气，则自有光明也。

由上可见，张载对"止乃光明"的论述并非孤立，而是与其整个思想体系紧密联系在一起。"止"将张载的"太虚即气""天地之性""气质之性"等观点富有成效地串连起来，透过"止"，可以看到一个全新的哲思世界。在这个意义上，"止乃光明"不仅是张载对"止"义阐述的理论创新，更是理解其哲学思想的关捩之所在。

第二节 朱熹新"止"——《大学》"止善"大义解

对于朱熹而言，《大学》具有相当重要的意义，以至于要从《礼记》中拈出单独成篇，并调整顺序，增补内容。因此，朱熹指出："务讲学者，固不可不急于'四书'，而读'四书'者，又不可不先于《大学》。"③

---

① 张载：《正蒙·太和篇第一》，《张载集》，章锡琛点校，北京：中华书局1978年版，第8页。

② 王夫之《张子正蒙注》，北京：中华书局1975年版，第13~14页。

③ （宋）朱熹：《大学或问》，《朱子全书》第六册，朱杰人、严佐之、刘永翔主编，上海：上海古籍出版社2002年版，第515页。

也就是说，"四书"乃为学之首，而《大学》又为"四书"之首，所谓"孔氏之遗书，学者之先务，而《论》《孟》犹处其次焉……不先乎大学，无以提挈纲领而尽《论》《孟》之精微"①。进一步，就《大学》来说，明明德、新民、止于至善"三纲领"敷理举统，又综括了格物、致知、诚意、正心、修身、齐家、治国、平天下"八条目"，使得内容前后呼应，上下贯通，纲领昭畅，条目清朗，是全篇的机要。最后，具体到"三纲领"中，"止于至善"乃是明德、新民的"标的"与归宿，因此是纲领之枢纽；而"止于至善"的关键又在于"止"，无论是《大学》本文还是朱熹的解说，都将"止"作为阐释的核心。因此，这里存在着一个层层递进、深入的链条："学"—"四书"—《大学》—纲领—"止于至善"—"止"。其中，后者都是前者的关键。换言之，"止"乃《大学》的最高义，把握了"止"，实质上就把握了"大学"的要义。那么，"止"为什么能够融贯纲目？"止"有哪些层面的理论内涵？以下将通过朱熹对《大学》的论说与章句，剖析朱熹思想体系中的"止"，呈现朱熹的"止善"大义。

一、由己及人，内圣外王——从"明己明德""新民明德"到其标的"止于至善"

朱熹通过理与气的关系以及人与禽兽的根本差别来阐述何谓"明德"。从理学视角出发，朱熹借周敦颐"无极之真，二五之精，妙合而凝"对宇宙生成的论述，进一步用"理"和"气"来描摹"天道流行，发育万物"的过程，认为"人、物之生，必得是理，然后有以为健顺仁义礼智之性；必得是气，然后有以为魂魄五脏百骸之身"。从"理"的角度而言，人、物一原。但从"气"的角度来看，则有差别：得"气"之"偏且塞"者，物也，包括禽兽；得"气"之"正且通"者，人也。也就是说，朱熹通过"气"的"正—偏"和"通—塞"区分了人与物。不仅如此，人所禀

---

① （宋）朱熹：《大学或问》，《朱子全书》第六册，朱杰人、严佐之、刘永翔主编，上海：上海古籍出版社 2002 年版，第 515~516 页。

之"气"又有清浊之异与美恶之殊,朱熹指出"故其所赋之质,清者智而浊者愚,美者贤而恶者不肖,又有不能同者"。换言之,朱熹又用"气"的"清—浊"和"美—恶"来区分了人的智与愚、贤与不肖。

在人、物禀气化生的过程中,如果说"理"的完全"实现"为某种"本体",那么,人与物对"理"的"实现"程度则会因禀"气"的差异而有不同。朱熹指出:"彼贱而为物者,既梏于形气之偏塞,而无以充其本体之全矣。"由于禀"气"之"偏且塞",物和禽兽对"理"的"实现"是不全面的,有部分是被遮蔽的,"理"的敞开是不充分的。在这个意义上,"惟人之生乃得其气之正且通者,而其性为最贵,故其方寸之间,虚灵洞彻,万理咸备,盖其所以异于禽兽者正在于此,而其所以可为尧舜而能参天地以赞化育者,亦不外焉,是则所谓明德者也。"换言之,由于禀"气"之"正且通",人对"理"的"实现"是全面的。而这一充分敞开的"理"便是"明德"。更进一步,人与人对"理"的"实现"程度又会因所禀之"气"的性质差异而有不同。朱熹指出:"必其上智大贤之资乃能全其本体,而无少不明,其有不及乎此,则其所谓明德者已不能无蔽而失其全矣。"也就是说,只有在上智大贤那里,"理"才能得到最全面、最充分的实现,没有不全、不明或被遮蔽的地方,这是最高的"明德";而只要达不到这种程度,"理"便不能完全实现,不能"全其本体",是为有蔽而失全也。

因此,"理"本来是光明的,它在人、物"气化""赋形"的过程中,如果得到了完全的实现、充分的敞开,便是"明德",便是具有了"本体之全";如果实现得不完全、敞开得不充分,"明德"就会被遮蔽,"本体"就会失却其全。在这个基础上,人后天的学习就是要明"明德",第一个"明"是动词,表示"使……明";"明明德"亦即通过后天的学习使"明德"被揭示、使"理"全面敞开并充分实现。因此,"明明德"实际上是一个发现天性中天赋之"理"及其完满性的过程。

在区分人与物、人与人的等级序列中阐述了"明德"之后,朱熹进一步从"心—物"关系解释明德为何会被遮蔽。朱熹认为:"以气质有蔽之心，接乎事物无穷之变，则其目之欲色，耳之欲声，口之欲味，鼻之欲臭，四肢之欲安佚，所以害乎其德者，又岂可胜言也哉！"这里的"气质有蔽之心"是就先天因素、主观因素而言，指禀气化生的过程中，其所得之气本非至清至美，故其质亦本非上智大贤，因此其明德本来就有所遮蔽。另一方面，"事物无穷之变"是就后天因素、客观环境因素而言，指外物纷繁杂乱，变幻莫测，没有止境。心与物的交会与相互作用则是"接"。当"有蔽之心"与"无穷之物"相"接"，人的感官欲望便会被激发，甚至难以控制，如老子所说："五色令人目盲；五音令人耳聋；五味令人口爽；驰骋畋猎，令人心发狂；难得之货，令人行妨。"（《老子·十二章》）这样一来，将更加遮蔽"明德"，有损害于"明德"。因此朱熹慨叹："二者相因，反复深固，是以此德之明，日益昏昧，而此心之灵，其所知者不过情欲利害之私而已。"从"理—气"关系上来说，明德之蔽源于所得之气的性质，从"心—物"关系上来说，明德之蔽源于物无止且心不知止，因此心役于外物，故从"天理—人欲"以及"公—私"关系上来说，明德之蔽表现为理之光明日益昏昧，心则囿于情欲利害之私。所以朱熹强调："是则虽曰有人之形，而实何以远于禽兽？虽曰可以为尧舜而参天地，而亦不能有以自充矣。"换言之，明明德是人与禽兽的根本差别，而后天的学习、进德、修业则是明明德并超越气质物欲之累的根本途径，是充实本体、恢复本体之全的根本方法。因此，即使困于人欲之私，朱熹依然主张通过施教提升其心灵："然而本明之体，得之于天，终有不可得而昧者，是以虽其昏蔽之极，而介然之顷一有觉焉，则即此空隙之中，而其本体已洞然矣。"得之于天的本明之体即"理"，是道德意识的本体，它本身原是光明的，不可遮蔽、昏昧。人在极度昏蔽中哪怕仅有一丝觉悟，"理"的光芒也有机会照亮昏昧、驱散遮蔽，使得道德意识洞然若揭。这才是人人皆可以为尧舜而参天地、自充本体之全的最终依据，即明德本明，明德须明。所以朱熹指出："所谓明明德者，而非有所作为于性分之外也。"不是从外强加的道德律令，而是自身与物欲的对抗，是自心的修为和坚守。

接下来，朱熹又通过"明德"之"明"来诠解何谓"新民"。朱熹指出：

> 然其所谓明德者，又人人之所同得，而非有我之得私也。向也俱为物欲之所蔽，则其贤愚之分，固无以大相远者。今吾既幸有以自明矣，则视彼众人之同得乎此而不能自明者，方且甘心迷惑没溺于卑汙苟贱之中而不自知也，岂不为之恻然而思有以救之哉！故必推吾之所自明者以及之，始于齐家，中于治国，而终及平天下，使彼有是明德而不能自明者，亦皆有以自明，而去其旧染之汙焉，是则所谓新民者，而亦非有所付畀增益之也。①

在天曰"理"，在人曰"明德"，其发现、实现、充实曰"本体"，其性本"明"、"全"、"公"。明德之所以昏昧不明、失却其全，主要有两方面的原因：第一，就先天、主观因素而言，是气质之蔽，即受限于气的通塞、正偏、清浊、美恶；第二，就后天、环境因素而言，是物欲之蔽，即受困于感官欲望、利益等的诱惑。这些因素决定了人与人之间智、愚、贤、不肖的差别。但实际上普罗大众的原始差别并不明显，所谓"性相近"；而拉开这一距离的则是后天的学习、进德、修业，所谓"习相远"。有通过学习能先自明明德者，有不能自明明德者，先明者推己及人，使他人皆有以自明，发现明德的完满、充实、光明，发明天理之公，克服物欲私欲，这就是"新民"。因此，"德之在己而当明者"与"德之在民而当新者"，其实是一体两面的关系，是一个推及的过程。

那么，"明"与"新"的终极依据是什么？朱熹提出是"至善"。自明明德与新民明德的根据不是人力与私意所能及，"是其所以得之于天而见于日用之间者，固已莫不各有本然一定之则，程子所谓'以其义理精

---

① （宋）朱熹：《大学或问》，《朱子全书》第六册，朱杰人、严佐之、刘永翔主编，上海：上海古籍出版社 2002 年版，第 508~509 页。

微之极，有不可得而名'者，故姑以至善目之。而传所谓君之仁、臣之敬、子之孝、父之慈、与人交之信，乃其目之大者也。"换言之，"至善"一方面得之于天理，义理精微，一方面又表现在日常生活的日用常行之中，致用广大，推及深远，而《大学》中指出的"仁、敬、孝、慈、信"则是"至善"比较重要的几个具体表现。对于"至善"，朱熹进一步指出，它是《大学》三纲领、八条目的"标的"，即最高目标与最终归宿：

> 众人之心，固莫不有是，而或不能知，学者虽或知之，而亦鲜能必至于是而不去，此为大学之教者，所以虑其理虽粗复而有不纯，已虽粗克而有不尽，且将无以尽夫修己治人之道，故必指是而言，以为明德、新民之标的也。欲明德而新民者，诚能求必至是而不容其少有过不及之差焉，则其所以去人欲而复天理者，无毫发之遗恨矣。①

"至善"具有明确的方向性：要完成明德、新民，有多种可能性，而在众多的途径中，应以"至善"为指引，因此，修己治人的目的绝不是恶，不是私利，亦非苛刑，具体来说就是要"去人欲而复天理"；要完成明德、新民，也有不同的程度和层次，依次为(1)"有"，先天禀有，(2)"知"，后天学而知之，(3)"至"，在行为上实践，明之、新之，(4)"不去"，坚守这一境界不动摇，而"至善"所指引的便是依次而上的"纯""尽"极致状态，以及无过无不及的恰切状态。

　　二、知行合一，体用兼备——从"知所当止"之"体"到"得所当止"之"用"

　　如果说"三纲领"以"止于至善"为终，"八条目"以"格物致知"为

────────────

① （宋）朱熹：《大学或问》，《朱子全书》第六册，朱杰人、严佐之、刘永翔主编，上海：上海古籍出版社 2002 年版，第 509 页。

始，那么连结以上二者的便是"知止"。在朱熹看来，"知止而后有定，定而后能静，静而后能安，安而后能虑，虑而后能得"这一序列，"此推本上文之意，言明德新民所以止于至善之由也"①，是明德、新民最终为什么要以及为什么能够止于至善的根由和原因。朱熹从逻辑上划分了几个步骤来阐解，又用"知"和"得"这一首一尾两个大步骤来统摄。首先，"止"的前提是知道至善之所在，即"知所止"。朱熹认为："盖明德新民，固皆欲其止于至善，然非先有以知夫至善之所在，则不能有以得其所当止者而止之。如射者固欲其中夫正鹄，然不先有以知其正鹄之所在，则不能有以得其所当中者而中之也。"②明德、新民的目的固然是止于至善，但如果不先知道至善之所在，亦即至善是什么、在哪里，那么就无从得知何处当止、为何当止。假设每一物、事、人皆各有一所当止之处，皆各有一"至善"，那么，格物、穷理、尽性便是去寻找、探索、研习并最终"得其所当止"的过程。因此，朱熹指出："知止云者，物格知至，而于天下之事，皆有以知其至善之所在，是则吾所当止之地也。"③如果于天下之每一物、事、人，"我"皆能知其当止之处，即知其至善之所在，那么于"我"而言，这就是"物格""理穷""性尽"，就是"知至"；同时，这便是"我"的"当止之地"，即至善之所在。因此，"知止"，即"知所止"，即"知吾所当止"，即"知至善之所在"，它关涉到天下之物、事、人及其相互关系。其次，知道标的之后，则要通过一系列格物、修身的工夫去实践，从"知其所当之"达到"得其所当止"。这些环节包括：

---

① （宋）朱熹：《大学或问》，《朱子全书》第六册，朱杰人、严佐之、刘永翔主编，上海：上海古籍出版社 2002 年版，第 510 页。

② （宋）朱熹：《大学或问》，《朱子全书》第六册，朱杰人、严佐之、刘永翔主编，上海：上海古籍出版社 2002 年版，第 510 页。

③ （宋）朱熹：《大学或问》，《朱子全书》第六册，朱杰人、严佐之、刘永翔主编，上海：上海古籍出版社 2002 年版，第 510 页。

　　能知所止，则方寸之间，事事物物，皆有定理矣；理既有定，
则无以动其心而能静矣；心既能静，则无所择于地而能安矣；能
安，则日用之间，从容闲暇，事至物来，有以揆之而能虑矣；能
虑，则随事观理，极深研几，无不各得其所止之地而止之矣。

在知、定、静、安、虑、得中，朱熹唯独将"定"的主语界定为"理"，
认为"定"是指"理定"。但是另一方面，这个"定理"所处的空间乃是
"方寸之间"，即在道德主体的心中。因此，理定是指知止之后，事事
物物在"我"心中皆有安顿，皆知其至善之所在。上面说过，知所止，
就是知每一物、事、人之所当止，就是要格物、穷理、尽性，所以总体
而言，至善之所在其实就是一种"理"。故而朱熹将"至善"定义为"事理
当然之极也"①，又认为"至于天下之物，则必各有所以然之故，与其
所当然之则，所谓理也"②，"当然"是一种方向，"极"则是"理"在这
个方向展开的极致程度，所以"至善"乃是最高的"理"；"止于至善"则
是"盖必其有以尽夫天理之极，而无一毫人欲之私也"③，即发现天理，
摒弃欲望利害之私。因而，知至善之所在即是理定。接下来，心之静、
定、安实际上都源于不存一毫人欲之私，不受其干扰。如此，当"事至
物来"时，即当主客体相"接"时，主体不会被外物私欲所控制，相反
地，道德心灵能发挥自己的主体力量，去"揆""虑"外物，格物穷理，
最终得其至善之所在，并留守于至善不动摇，是为"各得其所止之地而
止之"。因此，这一序列以"知"为始，以"得"为终，都是对"至善"即
"所当止之处"的探索与实践，朱熹指出"既然真知所止，则其必得所

---

　　①　(宋)朱熹：《大学章句》，《四书章句集注》，北京：中华书局 1983 年版，
第 3 页。
　　②　(宋)朱熹：《大学或问》，《朱子全书》第六册，朱杰人、严佐之、刘永翔
主编，上海：上海古籍出版社 2002 年版，第 512 页。
　　③　(宋)朱熹：《大学章句》，《四书章句集注》，北京：中华书局 1983 年版，
第 3 页。

止，固已不甚相远"①，不远即知行之合一也。

朱熹仍然用"知"和"得"来解释"八条目"及其与"三纲领"的关系，指出："格物、致知、诚意、正心、修身者，明明德之事也。齐家、治国、平天下者，新民之事也。格物致知，所以求知至善之所在；自诚意以至于平天下，所以求得夫至善而止之也。"②这是对"八条目"的两种划分方法，其一是"己—人"关系，其一是"知—行""体—用"关系，二者殊途同归，都指向"止于至善"，前者通过推及来实现，后者通过实践来达到。对于这两重关系的结合与统一，朱熹如是说："极其体用之全而一言以举之，以见夫天下虽大，而吾心之体无不该，事物虽多，而吾心之用无不贯。"③从"吾心"到"天下"的推及过程，实际上也是由"体"到"用"、由"知"到"得"的实践过程，而天下事物之理，其实已在吾心之中。

三、以经统传，以传附经——从"止于至善"之理到"求之之方"与"得之之验"

朱熹将原本《大学》划分为"经—传"结构，讲究"以经统传，以传附经"④。具体而言，朱熹将"《康诰》曰"至"与国人交，止于信"这段文字视为通过征引《诗》《书》而对正经中"明明德""新民""止于至善"分别进行注解的"传"，并将这段文字的位置提前。在朱熹"经—传"结构的视域中，"传"每以三句引文发明正经，并讲究先后浅深之序。例如，对于"新民"所对应的三句《诗》《书》引文，朱熹如是总结："盖《盘铭》

① （宋）朱熹：《大学或问》，《朱子全书》第六册，朱杰人、严佐之、刘永翔主编，上海：上海古籍出版社 2002 年版，第 510 页。
② （宋）朱熹：《大学或问》，《朱子全书》第六册，朱杰人、严佐之、刘永翔主编，上海：上海古籍出版社 2002 年版，第 511 页。
③ （宋）朱熹：《大学或问》，《朱子全书》第六册，朱杰人、严佐之、刘永翔主编，上海：上海古籍出版社 2002 年版，第 513 页。
④ （宋）朱熹：《大学或问》，《朱子全书》第六册，朱杰人、严佐之、刘永翔主编，上海：上海古籍出版社 2002 年版，第 515 页。

言自新也,《康诰》言新民也,《文王》之诗,自新、新民之极也。故曰'君子无所不用其极'。极即至善之云也。用其极者,求其止于是而已矣。"①"极"是明德、新民的方向性,即指向"至善","用其极"即力求"止于至善"。朱熹通过总结传文逗引出了对"至善"的进一步阐论。

对于"止于至善"所对应的三句《诗》,朱熹一一明其"止"义。朱熹认为,传文引《诗·商颂·玄鸟》"邦畿千里,维民所止",乃是"以民之止于邦畿,而明物之各有所止也"②;引《诗·小雅·缗蛮》"缗蛮黄鸟,止于丘隅"以及孔子说诗之辞"于止,知其所止,可以人而不如鸟乎",用意在于"盖曰鸟于其欲止之时,犹知其当止之处,岂可人为万物之灵,而反不如鸟之能知所止而止之乎?其所以发明人当知止之义,亦深切矣"③;引《诗·大雅·文王》"穆穆文王,于缉熙敬止"继以"为人君止于仁,为人臣止于敬,为人子止于孝,为人父止于慈,与国人交止于信",旨在"因圣人之止,以明至善之所在也"④,但是,普遍的道德原理可以体现为不同的具体规范,不同的具体规范中又可以涵有共同的一般道德原理,因此,"盖天生蒸民,有物有则,是以万物庶事,莫不各有当止之所。但所居之位不同,则所止之善不一。故为人君,则其所当止者在于仁,为人臣,则其所当止者在于敬,为人子,则其所当止者在于孝,为人父,则其所当止者在于慈,与国人交,则其所当止者在于信。是皆天理人伦之极致,发于人心之不容已者,而文王之所以为法于天下可传于后世者,亦不能加毫末于是焉"⑤。通过三句《诗》,朱熹

① (宋)朱熹:《大学或问》,《朱子全书》第六册,朱杰人、严佐之、刘永翔主编,上海:上海古籍出版社 2002 年版,第 518 页。
② (宋)朱熹:《大学或问》,《朱子全书》第六册,朱杰人、严佐之、刘永翔主编,上海:上海古籍出版社 2002 年版,第 519 页。
③ (宋)朱熹:《大学或问》,《朱子全书》第六册,朱杰人、严佐之、刘永翔主编,上海:上海古籍出版社 2002 年版,第 519 页。
④ (宋)朱熹:《大学或问》,《朱子全书》第六册,朱杰人、严佐之、刘永翔主编,上海:上海古籍出版社 2002 年版,第 519 页。
⑤ (宋)朱熹:《大学或问》,《朱子全书》第六册,朱杰人、严佐之、刘永翔主编,上海:上海古籍出版社 2002 年版,第 519 页。

阐明了"止"乃是区别人与物、人与禽兽、普通人与圣人之间本质差别的精确尺度。如果说"知止"是为人的底线，那么在向上提升的意义上，朱熹尤其凸显了圣人之敬止是所有人应该努力企及的方向与境界，他指出："但众人类为气禀物欲之所昏，故不能常敬而失其所止。惟圣人之心，表里洞然，无有一毫之蔽，故连续光明，自无不敬，而所止者，莫非至善，不待知所止而后得所止也。故传引此诗，而历陈所止之实，使天下后世得以取法焉。学者于此，诚有以见其发于本心之不容已者而缉熙之，使其连续光明，无少间断，则其敬止之功，是亦文王而已矣。"①天理、至善、明德原本是缉熙光明的，而气禀、物欲这两项主要因素使其有机会被遮蔽，人应以存养省察之功，去其恶而迁于善，舍其旧而进乎新，知所止，得所止，并持之以恒，无少间断，使天理连续光明，明德缉熙，本心洞然，则自能止于至善而不迁。实际上，在解读《尚书》时，朱熹曾将"于缉熙敬止"的"止"释为语气助词，但这里，朱熹又以文王诗中的"止"为所止之义。朱熹指出，这是因为，"古人引《诗》断章，或姑借其辞以明己意，未必取本文之义也"。② 通过某种奇妙的文本间性，以及由改动古本《大学》而形成的新的"经—传"结构，朱熹凸显了"敬止"和"止于至善"的内在关联，将"敬止"视为是"止于至善"在圣人身上的最高体现方式。

除传引三句诗使"言至善之理备"之外，朱熹还认为，传文又引《诗·卫风·淇奥》与《诗·周颂·烈文》的诗句，是为了发明"其所以求之之方，与其得之之验"③，即如何止于至善，以及止于至善是何等境界。《诗·卫风·淇奥》有：

---

① （宋）朱熹：《大学或问》，《朱子全书》第六册，朱杰人、严佐之、刘永翔主编，上海：上海古籍出版社2002年版，第519页。

② （宋）朱熹：《大学或问》，《朱子全书》第六册，朱杰人、严佐之、刘永翔主编，上海：上海古籍出版社2002年版，第519~520页。

③ （宋）朱熹：《大学或问》，《朱子全书》第六册，朱杰人、严佐之、刘永翔主编，上海：上海古籍出版社2002年版，第520页。

瞻彼淇澳，菉竹猗猗。有斐君子，如切如磋，如琢如磨。瑟兮僴兮，赫兮喧兮。有斐君子，终不可喧兮。

《大学》则将此与"三纲"领相附，一一传注为：

"如切如磋"者，道学也。"如琢如磨"者，自修也。"瑟兮僴兮"者，恂慄也。"赫兮喧兮"者，威仪也。"有斐君子，终不可喧兮"者，道盛德至善，民之不能忘也。

朱熹认为："夫'如切如磋'，言其所以讲于学者，已精而益求其精也；'如琢如磨'，言其所以修于身者，已密而益求其密也。此其所以择善固执，日就月将，而得止于至善之由也。"①人得以"止于至善"的因由在于如琢如磨的修身明德，在于如切如磋的讲学新民，并明确知道方向性，即"择善"，在从知所止到得所止的过程中，持之以恒，不至不止，即"固执"，这些是求得"止于至善"的方法。朱熹又指出："恂慄，严敬之存乎中也；威仪者，辉光之著乎外也。此其所以睟面盎背，施于四体，而为止于至善之验也。"②人达到"止于至善"境界后如何验证？有何表现与效果？有何凭据？朱熹认为是明德天理由内而外的著明与彰显，缉熙生辉。接着朱熹指出："盛德至善，民不能忘，盖人心之所同然，圣人既先得之，而其充盛宣著又如此，是以民皆仰之而不能忘也。"③从时间的绵延凸显圣人"止于至善"之效，亦是"新民"之端。最后朱熹总结："盛德，以身之所得而言也；至善，以理之所极而言也；

① （宋）朱熹：《大学或问》，《朱子全书》第六册，朱杰人、严佐之、刘永翔主编，上海：上海古籍出版社2002年版，第520页。
② （宋）朱熹：《大学或问》，《朱子全书》第六册，朱杰人、严佐之、刘永翔主编，上海：上海古籍出版社2002年版，第520页。
③ （宋）朱熹：《大学或问》，《朱子全书》第六册，朱杰人、严佐之、刘永翔主编，上海：上海古籍出版社2002年版，第520页。

切磋琢磨，求其止于是而已矣。"①"至善"是理所当然之极，是最高的"天理"，如王守仁所云："至善只是此心纯乎天理之极便是"；"天理"体现在人，便表现为"盛德"，而这个呈现的过程就是"明明德"。《诗·周颂·烈文》有：

> 于戏，前王不忘！

《大学》传解：

> 君子贤其贤而亲其亲，小人乐其乐而利其利，此以没世不忘也。

朱熹指出："此皆先生盛德至善之余泽，故虽已没世，而人犹思之，愈久而不能忘也。"②这似乎与上引《诗》的最后一句大义相似，但实则有别，朱熹指出："上文引《淇奥》，以明明德之得所止言之，而发新民之端也。此引《烈文》，以新民之得所止言之，而著明明德之效也。"③《淇奥》的"切磋琢磨"等侧重于讲"明明德"，从"己—人"关系来讲偏重于"己"，从"体—用"关系来讲偏重于"体"；而从"明明德"之所以能够通向"得所止"，是因为"圣人德盛仁熟，所以自明者，皆极天下之至善，故能大有以畏服其民之心志"④，圣人的明德本来无所遮蔽、缉熙生辉、德行盛大、仁义圆熟，心中之天理完满而自然流出，化育民众，故曰

---

① （宋）朱熹：《大学或问》，《朱子全书》第六册，朱杰人、严佐之、刘永翔主编，上海：上海古籍出版社2002年版，第520页。
② （宋）朱熹：《大学或问》，《朱子全书》第六册，朱杰人、严佐之、刘永翔主编，上海：上海古籍出版社2002年版，第521页。
③ （宋）朱熹：《大学或问》，《朱子全书》第六册，朱杰人、严佐之、刘永翔主编，上海：上海古籍出版社2002年版，第521页。
④ （宋）朱熹：《大学或问》，《朱子全书》第六册，朱杰人、严佐之、刘永翔主编，上海：上海古籍出版社2002年版，第521页。

"发新民之端"。《烈文》的"贤亲乐利"等则侧重于讲"新民"，从"己—人"关系来讲偏重于"人"，从"体—用"关系来讲偏重于"用"；而从"新民"之所以能够通向"得所止"，是因为"盖己德既明，而民德自新，则得其本之明效也"①，圣人止于至善，得天理之极，自然从修身达成齐家、治国、平天下，从内圣达成外王，这一过程正是圣人用己德之缉熙光明去照亮民众的气质、物欲之蔽而最终新民明德的验证，是故曰"著明明德之效"。

四、"存天理，灭人欲"——"至善"与"天理"及"止"与修身工夫

在朱熹这里，"物"拥有两个向度：其一，"物"能引起人之"欲"；其二，"物"包含着"理"。对于前者，朱熹认为，并不能因此一味摒弃"物"。所以朱熹提到了一种说法："近世大儒有为格物致知之说者曰：'格犹扞也，禦也，能扞禦外物，而后能知至道也。又有推其说者曰：'人生而静，其性本无不善，而有为不善者，外物诱之也，所谓格物以致其知者，亦曰扞去外物之诱，而本然之善自明耳。'"②换言之，既然外物能诱起人欲，引致不善，那么就应全盘否认外物，扞去外物，如此才能明本善、知至道。朱熹明确否定这种说法，他指出：

> 今日御外物而后可以知至道，则是绝父子而后可以知孝慈，离君臣然后可以知仁敬业，是安有此理哉？若曰所谓外物者，不善之诱耳，非指君臣父子而言也，则夫外物之诱人，莫甚于饮食男女之欲，然推其本，则固亦莫非人之所当有而不能无者也，但于其间自有天理人欲之辨，而不可以毫厘差耳。惟其徒有是物，而不能察于

① （宋）朱熹：《大学或问》，《朱子全书》第六册，朱杰人、严佐之、刘永翔主编，上海：上海古籍出版社 2002 年版，第 521 页。
② （宋）朱熹：《大学或问》，《朱子全书》第六册，朱杰人、严佐之、刘永翔主编，上海：上海古籍出版社 2002 年版，第 529 页。

> 吾之所以行乎其间者，孰为天理，孰为人欲，是以无以致其克复之功，而物之诱于外者，得以夺乎天理之本然也。今不即物以穷其原，而徒恶物之诱乎己，乃欲一切扞而去之，则是必闭口枵腹，然后可以得饮食之正，绝灭种类，然后可以全夫妇之别也。①

"物"含有"人欲"和"天理"两个向度，在对待"物"时，既不能只看到它会诱欲这一面，因之"一切扞而去之"；又不能忽视此"不善之诱"，而不致克复之功，溺入纵欲之险。所以，在与外物相接时，首先即要进行天理人欲之辨，辨明孰为天理，孰为人欲，并省察"吾之所以行乎其间者"。而这其实才是"格物"的要义。"欲"是"人之所当有而不能无者"，是人性之本然，天理本来就存于其中，离开了"物"，离开了"欲"，便没有一个孤立存在的"理"；"理"是"物之原"，是"人欲"的分寸和尺度，也是人通过修德要努力达到的最终目标。因此，"格物"首要的是去"即物"，与物相接，而非"离物""扞物"，要辨析并明了"物"中"天理"和"人欲"的关系，获得对待"物"的正确态度，从而使得意诚、心正。这也是为什么朱熹在"八条目"中反复强调不格物致知就不能诚意正心的根本原因。

那么，"格物"之后"致知"的具体内容是什么？一言以蔽之曰"知止"。与"物"相应，这里的"止"亦有"天理"和"人欲"两个维度：其一，"止"是指止于至善，止于明德，止于天理；其二，"止"是指止人欲，灭人欲。前者是目标与归宿，后者是修身的工夫与过程。综合二者而言，"致知"就是指面对"物"的两个维度时，不能只看到"欲"或只看到"理"，而是要辨明二者的关系，知道既要"存天理"又要"灭人欲"，即修身止欲，推究天理。只有明了了这一点，才能做到诚意正心。进一步，具体而言，"存天理""灭人欲"有怎样的内涵？

---

① （宋）朱熹：《大学或问》，《朱子全书》第六册，朱杰人、严佐之、刘永翔主编，上海：上海古籍出版社 2002 年版，第 529 页。

当朱熹定义"至善，则事理当然之极也"①时，实际上揭示了，在朱熹看来，"至善"和"理"有着深层的内在关系。何谓"事理当然之极"？陈淳释曰：

> 理无形状，如何见得？只是事物上一簡当然之则便是理。"则"是准则、法则，有簡确定不易底意。只是事物上正当合做处便是"当然"，即这恰好，无过些，亦无不及些，便是"则"。如为君止于仁，止仁便是为君当然之则；为臣止于敬，止敬便是为臣当然之则；为父止于慈，为子止于孝，孝慈便是父子当然之则。……古人格物穷理，要就事物上穷簡当然之则，亦不过只是穷到郑合做处、恰好处而已。②

"理"是事物的"当然之则"，即恰到好处、理所当然的准则与法则。陈淳用《大学》中的"君臣父子与国人交之所止"来阐释什么是"当然之则"，因此，这里的"止于……"其实可以理解为"以……为止"，"止"即准则、法则，故又可等同于"以……为则"。在这个意义上，"理"亦是事物当所止之处，即事物的正当合做处、恰好处，止于此，便无过无不及。更进一步，"至善"又是"理"所当然之极。也就是说，"至善"是万事万物都止得其所，皆符合各自的当然之则。石子重曾与朱熹讲论问对：

> 子重问："止于至善，至善乃极则否？"朱子答曰："不然。至善者，本也，万善皆于此乎出。"

---

① （宋）朱熹：《大学章句》，《四书章句集注》，北京：中华书局1983年版，第3页。

② （南宋）陈淳：《北溪字义》，北京：中华书局1983年版，第42页。

一事一物得其所当止,是具体的"善",天地间所有事物皆各得其所当止,便是"至善",前者是后者的体现,众多的"善"呈示出"至善"之理。

既然"理"是事物的"当然之则",那么,"格物穷理"便是去探究、体认事物的"当然之则",并"止于"即停留、坚守在那个正当合做处、恰好处。因此接下来的问题便是,如何"格""穷"?对于人而言,"但其气质有清浊偏正之殊,物欲有浅深厚薄之异,是以人之与物,贤之与愚,相与悬绝而不能同耳。以其理之同,故以一人之心,而于天下万物之理无不能知;以其禀之异,故于其理或有所不能穷也。理有未穷,故其知有不尽,知有不尽,则其心之所发,必不能纯于义理,无杂乎物欲之私。"①这涉及"理—心—物"的关系。朱熹认为:"心虽主乎一身,而其体之虚灵,足以管乎天下之理;理虽散在万物,而其用之微妙,实不外乎一人之心。"②换言之,心原本是纯乎义理的,于天下万物之理,无不能知,无不能穷,无不能管。但是,由于"气禀"和"物欲"这两项因素的影响,人格物穷理的程度便会有所不同,而格物穷理的目的就是要探究事物的当止之处、当然之则,因此,这也决定了是否能够止于至善。在格物的过程中,人与物之间如果是欲望、利害、占有、贪婪等关系,则无法穷理。因而,只有摒弃了物欲、私利,才有可能穷理,探究到事物的当止之处、当然之则。正是在这个意义,朱熹强调"至善之地"乃是"盖必其有以尽夫天理之极,而无一毫人欲之私也"③。只有"灭私欲",方可"尽天理"。所以,至于至善是一个通过学习、修身、进德不断减少"气禀"和"物欲"的影响,最终使心纯乎义理的过程。

---

① (宋)朱熹:《大学或问》,《朱子全书》第六册,朱杰人、严佐之、刘永翔主编,上海:上海古籍出版社2002年版,第527页。

② (宋)朱熹:《大学或问》,《朱子全书》第六册,朱杰人、严佐之、刘永翔主编,上海:上海古籍出版社2002年版,第528页。

③ (宋)朱熹:《大学章句》,《四书章句集注》,北京:中华书局1983年版,第3页。

　　那么，如何摒弃物欲之私？要"止"，即止物欲之私。程颐就曾指出："致知在乎所养，养知莫过于寡欲。"①即要涵养本原，收其放心，养其德性。如此才能观物察己，物我一理，融合内外。具体而言，如何存养？存养与动静及工夫与"止"的内在关联是什么？

　　　　一之问："存养多用静否？"曰："不必然。孔子却都就用处教人做工夫。今虽说主静，然亦非弃物事以求静。既为人，自然用事君亲，交朋友，抚妻子，御童仆。不成捐弃了，只闭门静坐，事物之来，且曰：'候我存养！'又不可只茫茫随他事物中走。二者须有个思量倒断，始得。"顷之，复曰："动时，静便在这里，动时也有静。顺理而应，则虽动亦静也。故曰：'知止而后有定，定而后能静。'事物之来，若不顺理而应，则虽块然不交于物以求静，心亦不能得静。惟动时能顺理，则无事时能静；静时能存，则动时得力。须是动时也做工夫，静时也做工夫，两莫相靠，使工夫无间断，始得。若无间断，静时固静，动时心亦不动，动亦静也。若无工夫，则动时固动，静时虽欲求静，亦不可得而静，静亦动也。动静如船之在水，潮至则动，潮退则止。有事则动，无事则静。一云："事来则动，事过则静。如潮头高，船也高；潮头下，船也下。"虽然，动静无端，亦无截然为动为静之理。如人之气，吸则静，嘘则动；又问答之际，答则动也，止则静矣。凡事皆然。"②

在朱熹看来，存养工夫不仅关乎"静"，亦关乎"动"。"静"由两个方面的因素决定：其一，"顺理"，即遵循天理，心顺理则静，故虽动亦静；其二，"不交于物"，即存心养性寡欲，动时心却不动，故动亦静也。

---

　　①　（宋）朱熹：《大学或问》，《朱子全书》第六册，朱杰人、严佐之、刘永翔主编，上海：上海古籍出版社 2002 年版，第 526 页。
　　②　《晦翁学案》上，黄宗羲著、全祖望补修：《宋元学案》第二册，陈金生、梁运华点校，北京：中华书局 1986 年版，第 1538~1539 页。

因而，在"顺理"的层面上，"动"与"静"的标的是"止于至善"，"至善"者，"天理"也，它是言默举止的最终归宿；在"心不交物"的层面上，"动"与"静"的原则是"知止而后有定，定而后能静"，"心"有所止，方能有所存、有所得。在此，无论动静，都归结到"止"。朱熹不仅将"止"与动静贯通，更与仁义、体用相联系，认为：

> 仁义互为体用动静。仁之体本静，而其用则流行不穷；义之体本动，而其体["体"，疑当作"用"。编者注]则各止其所。①

仁之体本止，而其用流行不止，这是因为顺应天理；义之体不止，而其用各得其所止，这是因为心知止而静，不物于物，止于至善。可见，在存养工夫中首要的便是"止"。

在这个意义上，"止"从体用、动静上皆可体现出来。朱熹为"止"定义曰："止者，必至于是而不迁之意。"②这涵盖了两个方面：第一，"止"乃是一个过程，它以"至善"为目标和标准，"必至于是"即"以是为止"，即不至于至善则不止，尽心穷理，坚忍不拔；第二，"止"乃是一种状态，它止于至善而"不迁"，顺理而应，存心养性，得其所止，坚守不移。因此，《大学》三纲领即是"止善"工夫的贯通：

> 明，明之也。明德者，人之所得乎天，而虚灵不昧，以具备众理而应万事者也。但为气禀所拘，人欲所蔽，则有时而昏；然其本体之明，则有未尝息者。故学者当因其所发而遂明之，以复其初也。新者，革其旧之谓也，言既自明其明德，又当推以及人，使之亦有以去其旧染之污也。止者，必至于是而不迁之意。至善，则事理当然之极也。言明明德、新民，皆当至于至善之地而不迁。盖必

---

① 《晦翁学案》上，黄宗羲著、全祖望补修：《宋元学案》第二册，陈金生、梁运华点校，北京：中华书局1986年版，第1526页。

② （宋）朱熹：《四书章句集注》，北京：中华书局1983年版，第3页。

其有以尽夫天理之极，而无一毫人欲之私也。此三者，大学之纲领也。①

"明德"是人的先天道德本体，它本是明亮不昧的，具备众理。人受"气禀"和"人欲"因素的不同影响，"明德"被遮蔽的程度亦不同。因此，人格修养的目的即在于为"明德"去蔽复初，是谓"明明德"也。接着推己及人，由自明明德推恩至新民明德，皆以至善为止并必讫于至善而不迁。在这里，"至善"即"天理"即"明德"，"止于至善"即"尽天理"即"明明德"，具体而言，其工夫则是要摒弃"人欲之私"。无一毫人欲之私，则能去除遮蔽，发明本体，使人之明德与天理贯通，达到"至善"之境。

从另一方面来看，"至善"是"当止"之处，它是"明明德""新民"的"度"之所在，无过亦无不及；而"止"又是"至善"之所在，故能止得其所，安止敬止。因此，朱熹将"止"与"至善"互释：

> 止者，所当止之地，即至善之所在也。知之，则志有定向。静，谓心不妄动。安，谓所处而安。虑，谓处事精详。得，谓得其所止。②

既然"止于至善"，那么所当止之处便是至善之所在。知止，即知所当止，即知至善之所在，目标之所在，因而知道了心志的方向，故能静心、安止、虑事，最终能得其所止。对于个人而言，"得其所止"即以至善天理为安身立命之所在，为立身处世之原则。在更高的意义上，则将"止"向人、事、物上推广，使其各有所安顿，各得其所止。陈淳以"工夫"释"忠恕"，并阐述"天之忠恕"与"圣人之忠恕"，认为："且如

---

① （宋）朱熹：《四书章句集注》，北京：中华书局1983年版，第3页。
② （宋）朱熹：《四书章句集注》，北京：中华书局1983年版，第3页。

维天之命……只是一个真实无妄道理，而万物各具此以生，洪纤高下，各正其所赋受之性命，此是天之忠恕也。在圣人，也只是此心中一个浑沦大本流行泛应，而事事物物莫不各止其所当止之所，此是圣人之忠恕也。"①在这里，"圣人之忠恕"便是使事事物物各"止于至善"，各止其所当止之所。因此，使人人、事事、物物从"知止"到"得止"，乃是圣人"推及"的关键环节，亦是圣人由内圣开出外王的枢纽。朱熹指出："明德为本，新民为末。知止为始，能得为终。本始所先，末终所后。"②明己明德为内圣之成，新民明德为外王之成，明己明德要从"知止"到"能得"，新民明德亦使人人从"知止"到"得止"，而无论本末、始终、体用、先后，都要"止于至善"，因此"止"乃是以上一切伦理行为和修养工夫的最初起点与最终归宿。

如果说"三纲领"关乎本末，从"知止"到"得止"系乎始终，那么"八条目"更是强调了修身工夫的先后之序。朱熹认为在"八条目"中，"修身以上，明明德之事也。齐家以下，新民之事也。物格知至，则知所止矣。意诚以下，则皆得所止之序也"③。修身之内乃明己明德，齐家、治国、平天下乃向外推及、新民明德，二者皆以"止于至善"为目标，换言之，"自新、新民，皆欲止于至善也"④。那么"止"如何贯通？"格物致知"是为了知所止，即知至善之所在，"诚意正心"是为了得其所止，安其所止。因此朱熹曰："止，居也，言物各有所当止之处也。"⑤每一物都各有一个"理"，这个"理"就是此物的至善之所在，亦即此物的所当止之处。所以，格物便是为了穷此理，致知便是为了知止及至善之所在，而尽性实际上便是逐渐达到至善、得安所止的过程。进

① （宋）陈淳：《北溪字义》，北京：中华书局1983年版，第29~30页。
② （宋）朱熹：《四书章句集注》，北京：中华书局1983年版，第3页。
③ （宋）朱熹：《四书章句集注》，北京：中华书局1983年版，第4页。
④ （宋）朱熹：《四书章句集注》，北京：中华书局1983年版，第5页。
⑤ （宋）朱熹：《四书章句集注》，北京：中华书局1983年版，第5页。

一步，如果具体从修养工夫来说，就要"欲自修者知为善以去其恶"①。
为善去恶的前提是知其所止及知至善之所在，在这个意义上，为善即得
所止，去恶即止私欲，二者都指向止于至善，而另一方面，得至善之所
止是存天理，止恶是灭人欲，最终都是得其所止。

　　所以，当《大学》以《诗》《书》及孔子之语来阐释、论证"止"时，朱
熹诠解道："五者乃其目之大者也。学者于此，究其精微之蕴，而又推
类以尽其余，则于天下之事，皆有以知其所止而无疑矣。"②意即天下万
事万物，都各有一个"理"，根据这个"理"，我们有以知其所止。对于
孔子说诗之语，朱熹又云："言人当知所当止之处也。"③即人应当知所
止。对于《尚书》，朱熹亦强调："敬止，言其无不敬而安所止也。引此
而言圣人之止，无非至善。"④这里朱熹明确指出，圣人所止即是至善，
是天理。因之，修身的过程就是首先要知所止，进而得所止，接着敬所
止，安所止。此即存天理，守至善。那么，如何得所止？朱熹谓："引
诗而释之，以明明明德者之止于至善。道学自修，言其所以得之之
由。"⑤圣人及明明德者的止于至善，其实是他人止于至善的根据和目
标，以及他人效仿学习的对象，所谓"得之之由"。在这个基础上，后
进者还要加上自己的修身工夫。换言之，对于明明德者来说，止于至
善，实际上也是一个从明己明德向外推广进而达到新民明德的过程，使
被明明德者由知止到得止的过程，最终使所有人事物都安其所止。所以
朱熹指出："前王，谓文、武也。君子，谓其后贤后王。小人，谓后民
也。此言前王所以新民者止于至善，能使天下后世无一物不得其所，所
以既没世而人思慕之，愈久而不忘也。"⑥新民的过程即是使天下每个人

---

① （宋）朱熹：《四书章句集注》，北京：中华书局 1983 年版，第 6 页。
② （宋）朱熹：《四书章句集注》，北京：中华书局 1983 年版，第 5 页。
③ （宋）朱熹：《四书章句集注》，北京：中华书局 1983 年版，第 5 页。
④ （宋）朱熹：《四书章句集注》，北京：中华书局 1983 年版，第 5 页。
⑤ （宋）朱熹：《四书章句集注》，北京：中华书局 1983 年版，第 6 页。
⑥ （宋）朱熹：《四书章句集注》，北京：中华书局 1983 年版，第 6 页。

都能止得其所。那么对于圣人而言，便是从内圣到外王，从体到用；对于后民而言，便是从知止到得止，从"得之之由"到"自修"，从存天理到灭人欲。在这个意义上，圣人之止于至善乃是万事万物得其所止的终极根源，它落实了天理并赋予了"止"以一切具体的实现。

总的来说，"止"是"己"与"人"、"内圣"与"外王"、"知"与"得"、"体"与"用"、"存天理"与"灭人欲"等众多要义的交汇点与枢机，它参与构成了朱熹对《大学》的全新体认，建构了朱熹的理学思想观点，也使《大学》获得了新的诠释与内涵。

第三节 致良知 止至善——古本《大学》与阳明心学的建构

王守仁、朱熹分别尊奉古本、今本《大学》，因而有"亲民""新民"的不同理解、章节顺序上的差异、内外先后工夫次第上的分歧等。而"止于至善""知止""得止"等问题的解决也决定了二人不同的理论表述与建构。

一、"三纲领"——"至善之发见，是乃明德之本体，而即所谓良知也"

王阳明提出"一体之仁"的观念来区分"大人"与"小人"并阐解何谓"明明德"，认为"大人者，以天地万物为一体者也"①，其仁与孺子、鸟兽、草木、瓦石而为一体，小人则是"间形骸而分尔我"，其心分隔隘陋，有私欲之蔽。王阳明所说的"一体之仁"有如下特征：（1）王阳明秉承孟学，用怵惕恻隐之心、不忍之心、悯恤之心、顾惜之心等来形容

---

① （明）王守仁：《大学问》，《王阳明全集》卷二十六续编一，上海：世界书局1936年版，第470页。

"仁"，并强调推己及人，亲亲仁民爱物。（2）"一体之仁"与生俱来，"非意之也，其心之仁本若是"，无论大人小人皆具，"岂惟大人，虽小人之心亦莫不然，彼顾自小之耳"，"是其一体之仁也，虽小人之心亦必有之。是乃根于天命之性，而自然灵昭不昧者也，是故谓之明德"①，昭明的一体之仁即是"明德"。（3）那么为何会有大人小人之别呢？其因在于私欲，"小人之心既已分隔隘陋矣，而其一体之仁犹能不昧若此者，是其未动于欲，而未蔽于私之时也，及其动于欲，蔽于私，而利害相攻，忿怒相激，则将戕物纪类，无所不为，其甚至有骨肉相残者，而一体之仁亡矣"②，一体之仁被私欲遮蔽，则心已分隔隘陋。（4）因此，大人和小人的根本区别就在于是否能去私欲而明明德，"是故苟无私欲之蔽，则虽小人之心，而其一体之仁犹大人也；一有私欲之蔽，则虽大人之心，而其分隔隘陋犹小人矣"③，这一口吻和思路都与禅宗极为相似，慧能道"不悟即佛是众生。一念悟时，众生是佛"，亦是如此。（5）因此，明明德不是求诸外，而是反诸内，"故夫为大人之学者，亦惟去其私欲之蔽，以明其明德，复其天地万物一体之本然而已耳。非能于本体之外，而有所增益之也"④，亦即禅宗所云"何不从自心中，顿见真如本性""我本元自性清净。若识自心见性，皆成佛道"，这也和孟子说的只要能发明善端则"人皆可以为尧舜"一脉相承。

王阳明推尊旧本《大学》，认为"明明德"之后应是"亲民"，反对朱熹的"新民"之说。王阳明首先明确"明明德"与"亲民"之间是体用关系："明明德者，立其天地万物一体之体也，亲民者，达其天地万物一

---

① （明）王守仁：《大学问》，《王阳明全集》卷二十六续编一，上海：世界书局1936年版，第470页。

② （明）王守仁：《大学问》，《王阳明全集》卷二十六续编一，上海：世界书局1936年版，第470页。

③ （明）王守仁：《大学问》，《王阳明全集》卷二十六续编一，上海：世界书局1936年版，第470页。

④ （明）王守仁：《大学问》，《王阳明全集》卷二十六续编一，上海：世界书局1936年版，第470页。

体之用也。故明明德必在于亲民，而亲民乃所以明其明德也。"①具体而言，王阳明又举了一系列例子来说明何为"亲民"之"亲"及其与"明明德"的关系："如云'君子贤其贤而亲其亲。小人乐其乐而利其利'。'如保赤子'。'民之所好好之。民之所恶恶之。此之谓民之父母之类'。皆是'亲'字意。'亲民'犹孟子'亲亲仁民'之谓。亲之即仁之也。百姓不亲，舜使契为司徒，敬敷五教，所以亲之也。尧典'克明峻德'便是'明明德'。'以亲九族'至'平章协和'，便是'亲民'，便是'明明德于天下'。又如孔子言'修己以安百姓'。'修己'便是'明明德'。'安百姓'便是'亲民'。说亲民便是兼教养意。说新民便觉偏了。"②"明明德"与"亲民"之间亦有本末关系。学生徐爱求教曰："物有本末，先儒以明德为本，新民为末，两物而内外相对也。……如子之说，以新民为亲民，则本末之说亦有所未然欤？"③王阳明答曰："终始之说，大略是矣。即以新民为亲民，而曰明德为本，亲民为末，其说亦未尝不可，但不当分本末为两物耳。夫木之干，谓之本，木之梢，谓之末。惟其一物也，是以谓之本末。若曰两物，则既为两物矣，又何可以言本末乎？新民之意，既与亲民不同，则明德之功，自与新民为二。若知明明德以亲其民，而亲民以明其明德，则明德亲民焉可析而为两乎？先儒之说，是盖不知明德亲民之本为一事，而认以为两事，是以虽知本末之当为一，而亦不得不非为两物也。"④

王阳明称"至善者，明德、亲民之极则也"，"至善"是"明明德"与"亲民"的最高准则与最终归宿。具体而言，三者紧密联系，缺一不可：

---

① （明）王守仁：《大学问》，《王阳明全集》卷二十六续编一，上海：世界书局1936年版，第470~471页。

② （明）王守仁：《传习录》卷上，徐爱录第一条，《王阳明全集》卷一语录一，上海：世界书局1936年版，第1页。

③ （明）王守仁：《大学问》，《王阳明全集》卷二十六续编一，上海：世界书局1936年版，第472页。

④ （明）王守仁：《大学问》，《王阳明全集》卷二十六续编一，上海：世界书局1936年版，第472页。

"盖昔之人固有欲明其明德者矣，然惟不知止于至善，而骛其私心于过高，是以失之虚罔空寂，而无有乎家国天下之施，则二氏之流是矣"①，若如佛教、道家二氏只知明明德而不知亲民止于至善，那么明德将流于私心，失之虚空，无利于家国天下；"固有欲亲其民者矣，而惟不知止于至善，而溺其私心于卑琐，生意失之权谋智术，而无有乎仁爱恻坦之诚，则五伯功利之徒是矣。是皆不知止于至善之过也"②，若如五霸只知一味亲民而不知明明德止于至善，那么霸业将沦为私心功利。只有将三者结合起来，才是成大人之学之道。因此王阳明总结"故止至善之于明德、亲民也，犹之规矩之于方圆也，尺度之于长短也，权衡之于轻重也。故方圆而不止于规矩，爽其则矣；长短而不止于尺度，乖其剂矣；轻重而不止于权衡，失其准矣；明明德、亲民而不止于至善，亡其本矣。故止于至善以亲民，而明其明德，是之谓大人之学"。③ 这里的"止于"就是"以……为止"的意思，即"以……为最高原则和目的"之意。王阳明以方圆止于规矩、长短止于尺度、轻重止于权衡的排比比喻来强调明明德、亲民须止于至善，即以至善为止，以至善为极则。

　　进一步，何谓"至善"？王阳明指出："天命之性，粹然至善，其灵昭不昧者，此其至善之发见，是乃明德之本体，而即所谓良知也。"④这里涉及三个几乎可以等同的概念：至善、良知、明德。天命之性原本就粹然至善，但其于不同的人则有"昭"与"昧"的区别，如若至善能得到发见、不被私欲遮蔽，就是良知，也就是明德的本体，明明德其实就是发见、去蔽的过程。王阳明进一步描述形容"至善之发见，是而为是，

　　①　（明）王守仁：《大学问》，《王阳明全集》卷二十六续编一，上海：世界书局 1936 年版，第 471 页。

　　②　（明）王守仁：《大学问》，《王阳明全集》卷二十六续编一，上海：世界书局 1936 年版，第 471 页。

　　③　（明）王守仁：《大学问》，《王阳明全集》卷二十六续编一，上海：世界书局 1936 年版，第 471 页。

　　④　（明）王守仁：《大学问》，《王阳明全集》卷二十六续编一，上海：世界书局 1936 年版，第 471 页。

非而为非，轻重厚薄，随感随应，变动不居，而亦莫不自有天然之中，是乃民彝物则之极，而不容少有议拟增损于其间也。少有拟议增损于其间，则是私意小智，而非至善之谓矣。自非慎独之至，惟精惟一者，其孰能与于此乎？"①可见"至善"是衡量一切是非、事理的标准原则，是民彝物则之极，与"私意小智"相对。那么如何求得"至善"？王阳明强调"至善之在吾心"，心外无至善。这与王阳明"心外无理、心外无事、心外无物"的理论路径完全一致。因此，"后之人惟其不知至善之在吾心，而用其私智以揣摸测度于其外，以为事事物物各有定理也，是以昧其是非之则，支离决裂，人欲肆而天理亡，明德亲民之学遂大乱于天下"②。在这里，"至善"其实相当于"天理""良知"，须求之于吾心，而不能度之于心外，如果迷失在事事物物之理，则会肢解天理，如果用私智来揣测，则会遮蔽明德，最终导致人欲肆而天理亡。

二、始于知，终于得——从"知至善之在吾心"到"得止于至善"

王阳明围绕着"止于至善"来阐释"知止而后有定，定而后能静，静而后能安，安而后能虑，虑而后能得"的序列。先儒认为"事有终始，先儒以知止为始，能得为终，一事而首尾相因也。"那么，首先的"知"是知什么？王阳明认为，首先要"知至善之在吾心"，这是最根本的前提，"人惟不知至善之在吾心，而求之于其外，以为事事物物皆有定理也，而求至善于事事物物之中，生意支离决裂，错杂纷纭，而莫知有一定之向。今焉既知至善之在吾心，而不假于外求，则志有定向，而无支

---

① （明）王守仁：《大学问》，《王阳明全集》卷二十六续编一，上海：世界书局1936年版，第471页。

② （明）王守仁：《大学问》，《王阳明全集》卷二十六续编一，上海：世界书局1936年版，第471页。

离决裂、错杂纷纭之患矣"①。知至善之在吾心，心外无至善，才能不假于外求，才能志有定向，不迷失于私欲。知道返本，心外无事，心外无物，心外物理，坚守心内至善，则"无支离决裂、错杂纷纭之患，则心不妄动而能静矣"。心静则能在安身立命，日用常行，莫非至善至理，"心不妄动而能静，则其日用之间，从容闲暇而能安矣"。发见至善，即为良知，并以此衡量、审察每一念之发动，是为能虑，"能安，则凡一念之发，一事之感，其为至善乎？其非至善乎？吾心之良知自有以详审精察之，而能虑矣"。如此则一感一念皆合乎良知，发为言行举止，则能得至善之境，"能虑则择之无不精，处之无不当，而至善于是乎可得矣"②。

因此，用王阳明的诠释来将这句话完善则是："知至善之在吾心不外求而后志有定向，定而后心不妄动而能静，静而后能身安，安而后良知能虑一念之发，虑而后能得至善。"可以看到，"知止"即"知至善止于吾心"，"止"有返回、归依、坚守之义，它标明至善须先向内寻求，再将合乎至善、良知的一念一感向外推及、发见，才能得到至善，且无往而不得至善，是为"止于"至善。

由此可知"知止"与"至善"之关联：

> 爱问："'知止而后有定'，朱子以为'事事物物皆有定理'，似与先生之说相戾"。先生曰："于事事物物上求至善，却是义外也。至善是心之本体。只是明明德到至精至一处便是。然亦未尝离却事物。本注所谓'尽夫天理之极，而无一毫人欲之私'者，得之"。③

---

① （明）王守仁：《大学问》，《王阳明全集》卷二十六续编一，上海：世界书局 1936 年版，第 471 页。

② （明）王守仁：《大学问》，《王阳明全集》卷二十六续编一，上海：世界书局 1936 年版，第 471~472 页。

③ （明）王守仁：《传习录》卷上，徐爱录第二条，《王阳明全集》卷一语录一，上海：世界书局 1936 年版，第 1~2 页。

王阳明强调，"至善是心之本体"，是"明明德到至精至一处"，因此，至善止于吾心之明德，那么，"知止"便是要明了并明确这一点，知道要向吾心而非向事事物物上求至善，这是"至善"之初始。这一过程最终要去私欲之遮蔽，以达到天理之极，便是"得止"。天理人欲四字乃是王阳明与朱熹的相对相异之处，亦是二人相印合处。在朱熹这里，"定"有两种解释：其一是《大学或问》中的"能知所止，则方寸之间，事事物物，皆有定理矣"①，指"定理"；其二是《大学章句》中的"止者，所当止之地，即至善之所在也。知之，则志有定向"②，指志之"定向"。但在王阳明看来，这终究是"义外"。按照孟子的说法，"仁，内也，非外也；义，外也，非内也"（《孟子·告子上》），"仁"才是"义内"，也即王阳明所说的"亲民"，而非朱熹说云"新民"。更进一步，至善要向内心求，而不是向外在的事事物物格。在这个意义上，至善、明德、天理，何谓"至精至一"？《尚书·大禹谟》有："人心惟危，道心惟微。惟精惟一，允执厥中。"人心易有私故险，道心不杂形气之私故精微专一。因此，明明德、尽天理的过程实际上就是使吾心精一无私的过程，就是致良知的过程。这一切的起点在"知至善之在吾心"，不在外在的事事物物上，同时又"不专在事物上，却亦不离却事物，便活"③。

为何王阳明如此强调功夫之始于知止吾心？其与朱熹始于格物迥异。

爱问："昨闻先生止至善之教，已觉功夫有用力处。"先生曰：

---

① （宋）朱熹：《大学或问》，《朱子全书》第六册，朱杰人、严佐之、刘永翔主编，上海：上海古籍出版社 2002 年版，第 510 页。

② （宋）朱熹：《四书章句集注》，北京：中华书局 1983 年版，第 3 页。

③ 孙奇逢语。陈荣捷：《王阳明传习录详注集评》，王阳明《传习录》卷上徐爱录第二条，台北：台湾学生书店，1983 年版，第 29 页。

"格物是止至善之功。既知至善，即知格物矣。"①

可见在王阳明这里，知至善止于吾心先于格物，是格物之本，乃格物之大体。明了了这一点，才能有真正意义上的"反求诸己""反身而诚"。那么，心与事事物物如何关联？

　　爱曰："爱昨晓思，格物的'物'字，即是'事'字。皆从心上说"。先生曰："然。身之主宰便是心。心之所发便是意。意之本体便是知。意之所在便是物。如意在于事亲，即事亲便是一物。意在于事君，即事君便是一物。意在于仁民爱物，即仁民爱物便是一物。意在于视听言动，即视听言动便是一物。所以某说无心外之理，无心外之物。中庸言'不诚无物'，大学'明明德'之功，只是个诚意。诚意之功，只是个格物。"②

王阳明认为，心之所发是意，意之本体是知，意之所在是物。通过"意"，心、物、知被连结了起来；因为"意"，则心外无理、心外无事、心外无物，理、事、物皆可从心上说。所以"知至善止于吾心"之后，最重要的便是"诚意"，接下来"格物"才水到渠成。其实，由王阳明"格物是止至善之功，既知至善，即知格物矣"与"大学'明明德'之功，只是个诚意，诚意之功，只是个格物"的表述，已经可以清晰地看到先后顺序：格物是诚意之功，诚意是止至善、明明德之功；既知至善止于吾心，则意诚，意诚，即知格物矣。

---

① （明）王守仁：《传习录》卷上，徐爱录第六条，《王阳明全集》卷一语录一，上海：世界书局 1936 年版，第 3 页。
② （明）王守仁：《传习录》卷上，徐爱录第六条，《王阳明全集》卷一语录一，上海：世界书局 1936 年版，第 4 页。

三、"八条目"——"为善而去恶""致吾心之良知"

王阳明认为八条目是三纲领的具体实践与功用。他将八条目从"修身"处分成两段，讲述其工夫次第与如何用力，可见"修身"便是贯通"八条目"的枢纽。王阳明又将"修身"及其之前的四项拆分成两组，"身、心、意、知、物者，是其工夫所用之条理，虽亦各有其所，而其实只是一物"，"格、致、诚、正、修者，是其条理所用之工夫，虽亦皆有其名，而其实只是一事"。前一组是工夫的对象，后一组是工夫如何用力。接着，王阳明以"修身"为起点，向前推理。"何谓修身？为善而去恶之谓也。"修身即为善去恶。"吾身自能为善而去恶乎？必其灵明主宰者欲为善而去恶，然后其形体运用者始能为善而去恶也。故欲修其身者，必在于先正其心也。"①心是灵明主宰，身是形体运用，要为善去恶，先要正心。"然心之本体则性也，性无不善，则心之本体本无不正也。何从而用其正之之功乎？盖心之本体本无不正，自其意念发动，而后有不正。故欲正其心者，必就其意念之所发而正之，凡其一念而善也，好之真如好好色，发一念而恶也，恶之真如恶恶臭，则意无不诚，而心可正矣。"②心之本体是"性"，心之动是意念之所发，前者无不善亦无不正，后者则有善有恶，所以要诚其意，使一念之发动皆合乎善，才能正其心。"然意之所发，有善有恶，不有以明其善恶之分，亦将真妄错杂，虽欲诚之，不可得而诚矣。故欲诚其意者，必在于致知焉。"怎样才能使"意"分辨善恶并使感念皆合乎善呢？需要用"知"来辨别、判断、衡量。因此诚意须先致知。"然欲致其良知，亦岂影响恍惚而悬空无实之谓乎？是必实有其事矣。故致知必在于格物。""知"并非凭空而来，亦非臆想的空中楼阁，而要通过格物获得，所以致知须先格物。

---

① （明）王守仁：《大学问》，《王阳明全集》卷二十六续编一，上海：世界书局 1936 年版，第 472 页。

② （明）王守仁：《大学问》，《王阳明全集》卷二十六续编一，上海：世界书局 1936 年版，第 472 页。

在这个意义上，王阳明总结"八条目"中的前五项："故曰：'物格而后知至，知至而后意诚，意诚而后心正，心正而后身修。'盖其功夫条理虽有先后次序之可言，而其体之惟一，实无先后次序之可分。其条理功夫虽无先后次序之可分，而其用之惟精，固有纤毫不可得而缺焉者。此格致诚正之说，所以阐尧舜之正传而为孔氏之心印也。"

其中，王阳明结合孟学中的"良知"，独具匠心地将"致知"阐释为"致良知"。他指出：

> 致者，至也，如云丧致乎哀之致。易言"知至至之"，"知至"者，知也，"至之"者，致也。"致知"云者，非若后儒所谓充扩其知识之谓也，致吾心之良知焉耳。①

可见，"致"是"使……至"即"使……达到"的意思。那么"致良知"就是"使知达至良善状态"之义。在这个意义上，王阳明将"致知"界定为"致吾心之良知"。何为"良知"？王阳明援引孟子的思想观点：

> 良知者，孟子所谓"是非之心，人皆有之"者也。是非之心，不待虑而知，不待学而能，是故谓之良知。是乃天命之性，吾心之本体，自然良知明觉者也。②

可见良知是人的天性与本能，不需要通过思考和学习得到。孟子曾说："人之所不学而能者，其良能也；所不虑而知者，其良知也。孩提之童，无不知爱其亲者；及其长也，无不知敬其兄也。亲亲，仁也；敬长，义也。无他，达之天下也。"（《孟子·尽心上》）良知良能即是指亲

---

① （明）王守仁：《大学问》，《王阳明全集》卷二十六续编一，上海：世界书局1936年版，第472页。
② （明）王守仁：《大学问》，《王阳明全集》卷二十六续编一，上海：世界书局1936年版，第472页。

亲仁民爱物之仁义。具体而言,王阳明认为良知是人性中之善端,用孟子的话说便是:

> 由是观之,无恻隐之心,非人也;无羞恶之心,非人也;无辞让之心,非人也;无是非之心,非人也。恻隐之心,仁之端也;羞恶之心,义之端也;辞让之心,礼之端也;是非之心,智之端也。人之有是四端也,犹其有四体也。(《孟子·公孙丑上》)

> 恻隐之心,人皆有之;羞恶之心,人皆有之;恭敬之心,人皆有之;是非之心,人皆有之。恻隐之心,仁也;羞恶之心,义也;恭敬之心,礼也;是非之心,智也。仁义礼智,非由外铄我也,我固有之也,弗思耳矣。(《孟子·告子上》)

善端有四,是人区别于禽兽的根本属性,分别是恻隐之心、羞恶之心、恭敬之心、是非之心亦即仁义礼智。这便是王阳明"良知"内涵的来源。"致良知"则是使这四端昭明发见。除此之外,王阳明多次提到并发挥"良知"与"致良知",如:

> 心自然会知,见父自然知孝,见兄自然知弟,见孺子入井自然知恻隐,此便是良知,不假外求。①

> 尔那一点良知,是尔自家底准则。尔意念着处,他是便知是,非便知非,更瞒他一些不得。②

---

① (明)王守仁:《传习录》卷上,徐爱录第八条,《王阳明全集》卷一语录一,上海:世界书局1936年版,第4页。
② (明)王守仁:《传习录》卷下,陈九川录第六条,《王阳明全集》卷三语录三,上海:世界书局1936年版,第60页。

孟子之"是非之心，知也""是非之心人皆有之"，即所谓良知也。①

良知只是个是非之心，是非只是个好恶，只好恶就尽了是非，只是非就尽了万事万变。②

自圣人以至于愚人，自一人之心以达于四海之远，自千古之前以至于万代之后，无有不同。是良知也者，是所谓天下之大本也。③

可以看到，王阳明所说的"良知"有如下特质：（1）它秉承孟子而来，以仁爱孝悌不忍恻隐等为本质内涵；（2）它是与生俱来的，内在于人性的善端，不是由外强加的，不是后天通过学习、思考得到的；（3）通过它可以判断、衡量万事万物的是非、好恶，因此它是一个终极的原则与标准；（4）它具有普遍性与可推及性，可以跨越时间与空间，人人皆有，是天下之大本。对于"致良知"，王阳明指出：

致吾心之良知者，致知也。④

知如何为温清之节，知如何为奉养之宜者，所谓知也，而未可谓之致知，必致其知如何温清之节者之知，而实以之温清，致其知

① （明）王守仁：《与陆元静》二（壬午），《王阳明全集》卷五，上海：世界书局 1936 年版，第 26 页。
② （明）王守仁：《传习录》卷下，黄省曾录第四十二条，《王阳明全集》卷三语录三，上海：世界书局 1936 年版，第 88 页。
③ （明）王守仁：《书朱守乾卷》，《王阳明全集》卷八，上海：世界书局 1936年版，第 80 页。
④ （明）王守仁：《答顾东桥书》，《传习录》卷中，《王阳明全集》卷二语录二，上海：世界书局 1936 年版，第 30 页。

如何奉养之宜者之知，而实之以奉养，然后谓之致知。①

致知之必在于行，而不行之不可以为致知也，明矣。②

未有知而不行者，知而不行只是未知。③

可以看到，"致知"不仅是要知其然、知其所以然，还要以"行""实"之，也就是要实践、践行、履行，使"知"真正"致"，亦即达到、证成。

进一步，一个更为重要的问题是"良知"与"善"的关系，延伸便是"良知"与"为善去恶""止于止善"的关系。王阳明认为："凡意念之发，吾心之良知无有不自知者。其善欤，惟吾心之良知自知之，其不善欤，亦惟吾心之良知自知之。是皆无所与于他人者也。故虽小人为不善，既已无所不至，然其见君子，则必厌然掩其不善，而著其善者，是亦可以见其良知之有不容于自昧者也。"④这涉及"致知"对于"诚意"的重要性。"良知"可以判断意念之发是善还是不善，是是非之心、羞恶之心的体现。因此王阳明认为："今欲别善恶以诚其意，惟在致其良知之所知焉尔。何则？意念之发，吾心之良知既知其为善矣，使其不能诚有以好之，而复背而去之，则是以善为恶，而自昧其知善之良知矣。意念之所发，吾之良知既知其为不善矣，使其不能诚有以恶之，而复蹈而为之，则是以恶为善，而自昧其知恶之良知矣。若是，则虽曰知之，犹不知也，意其可得而诚乎？今于良知之善恶者，无不诚好而诚恶之，则不自

① （明）王守仁：《答顾东桥书》，《传习录》卷中，《王阳明全集》卷二语录二，上海：世界书局1936年版，第32页。

② （明）王守仁：《答顾东桥书》，《传习录》卷中，《王阳明全集》卷二语录二，上海：世界书局1936年版，第33页。

③ （明）王守仁：《传习录》卷上，徐爱录第五条，《王阳明全集》卷一语录一，上海：世界书局1936年版，第3页。

④ （明）王守仁：《大学问》，《王阳明全集》卷二十六续编一，上海：世界书局1936年版，第472页。

欺其良知而意可诚也已。"①别善恶、诚其意的关键在于致良知，惟有先致良知，才能有所以判断意念之所发是善或不善的准则。

在"八条目"中，王阳明与朱熹的分歧始于"格物"。王阳明认为："物者，事也，凡意之所发必有其事，意所在之事谓之物。"②将"物""事"与"意"联系起来。"格者，正也，正其不正以归于正之谓也。正其不正者，去恶之谓也。归于正者，为善之谓也。夫是之谓格。"更将"格物"与为善去恶联系起来。又援引元典"书言'格于上下''格于文祖''格其非心'，格物之格实兼其义也。"强调"格"之"正"义。总的来看，王阳明所谓"格"是"使……正""使……归于正"之义，具体来说就是为善去恶。王阳明认为"格物"是"致良知""诚其意"的前提原则："良知所知之善，虽诚欲好之矣，苟不即其意之所在之物而实有以为之，则是物有未格，而好之之意犹为未诚也。良知所知之恶，虽诚欲恶之矣，苟不即其意之所在之物而实有以去之，则是物有未格，而恶之之意犹为未诚也。"致良知必须要"实""行"，这就紧密关系到"意之所在之物"，要通过格物来"实有以为之"与"实有以去之"，因此"格物"是"致良知"与"诚其意"的起点和落脚点。"今焉于其良知所知之善者，即其意之所之之物而实为之，无有乎不尽。于其良知所知之恶者，即其意之所在之物而实去之，无有乎不尽。"在这里，"意"是"格物""致良知""诚其意"三者的连结点："格物"的"物"是"意所在之事谓之物"，"诚其意"的"意"是一念之发动，"致良知"须实其意。换言之，"物"关乎"意"之发动，其发是善是恶则由良知来判断衡量，在此基础上若能实有以为善去恶，便是以践行来充实良知使其致。而"良知"正是个中关键。"然后物无不格，吾良知之所知者，无有亏缺障蔽，而得以极其至矣。夫然后吾心快然无复有余憾而自谦矣，夫然后意之所发者，始无自欺而可以谓之诚

---

① （明）王守仁：《大学问》，《王阳明全集》卷二十六续编一，上海：世界书局 1936 年版，第 472~473 页。

② （明）王守仁：《大学问》，《王阳明全集》卷二十六续编一，上海：世界书局 1936 年版，第 473 页。

矣。"在这个意义上，"格物""致知""诚意"其实是一体之三面，"物无不格"代表着致良知之极，意无不诚。

四、"天理、至善、良知、明德"与"是非、善恶、好恶、知行"

王阳明认为："天理在人心，亘古亘今，无有终始。天理即是良知。"又云："良知是天理之昭明灵觉处，故良知即是天理。"换言之，在王阳明看来，天理便是人心之良知。那么，"天理"和"良知"何以能够相通、能够等同呢？这涉及"是非""善恶"与"好恶"的关系。王阳明指出："知善知恶是良知。"又曰："良知只是个是非之心，是非只是个好恶。只好恶就尽了是非，只是非就尽了万事万变。"天理在于分辨是非与善恶。如果人心根本不知道有所谓是与非、善与恶的分别，那么亦无须言天理。进一步，什么是是与非、善与恶的分界呢？王阳明将此落脚到人心的"好恶"上。钱穆先生阐解道："人心所好便为是，人心所恶便为非。若使人心根本无好恶，则一切万事万变亦将不见有所谓是与非。"①好恶何以能与是非、善恶相吻合呢？钱穆先生指出："好恶与是非合一，那才是天理。若使人心所好，天理转为非，人心所恶，天理转为是，则人心与天理正相反，试问又何从于人心上体贴出天理来？"②也就是说，人心所好正是天理所是，人心所恶正是天理所非，则良知即是天理。怎样才能达到如此境界？王阳明认为不能有私意隔断障碍，意不能不诚。这进而又涉及知与行的关系。钱穆先生指出："知行合一，便是意之诚，知行不合一，便是意不诚。而意不诚则有私意障碍着。"③又强调："是非和好恶合一，好恶属行，是非属知，知行本体原是合一，所以好恶与是非也是合一。"④所以王阳明说："知行如何分得开？此便

---

① 钱穆：《宋明理学概述》，台北：联经出版社1998年版，第257页。
② 钱穆：《宋明理学概述》，台北：联经出版社1998年版，第258~259页。
③ 钱穆：《宋明理学概述》，台北：联经出版社1998年版，第259页。
④ 钱穆：《宋明理学概述》，台北：联经出版社1998年版，第258页。

是知行本体，不曾有私意隔断的。"是非是"知"，无私意隔断障碍，一念一感之萌动亦与之相符，则好恶是实"行"之，因而是非与好恶合一，知与行合一。在这个意义上，王阳明讲："至善只是此心纯乎天理之极便是。"钱穆先生指出："'此心纯乎天理之极'者，便是此心没有丝毫私意把此知行本体分开着。知行本体原来合一，原来不分开，所以说它是良知。'良'是本来义，说良知便已包有行，说良知便已包有天理了。"①知行合一，即是是非与好恶合一，即是天理与良知合一。王阳明所举一例可贯通以上观点：

徐爱因未会先生知行合一之训，与宗贤、惟贤往复辩论未能决，以问于先生。先生曰："试举看"。爱曰："如今人尽有知得父当孝，兄当弟者，却不能孝，不能弟。便是知与行分明是两件"。先生曰："此已被私欲隔断，不是知行的本体了。未有知而不行者。知而不行，只是未知圣贤教人知行，正是要复那本体。不是着你只恁的便罢。故《大学》指个真知行与人看，说'如好好色'，'如恶恶臭'。见好色属知，好好色属行。只见那好色时，已自好了。不是见了后，又立个心去好。闻恶臭属知，恶恶臭属行。只闻那恶臭时，已自恶了。不是闻了后，别立个心去恶。如鼻塞人虽见恶臭在前，鼻中不曾闻得，便亦不甚恶。亦只是不曾知臭。就如称某人知孝，某人知弟。必是其人已曾行孝行弟，方可称他知孝知弟。不成只是晓得说些孝弟的话，便可称为知孝弟。又如知痛，必已自痛了，方知痛。知寒，必已自寒了。知饥，必已自饥了。知行如何分得开？此便是知行的本体，不曾有私意隔断的。圣人教人，必要是如此，方可谓之知。不然，只是不曾知。②

---

①　钱穆：《宋明理学概述》，台北：联经出版社 1998 年版，第 259 页。

②　（明）王守仁：《传习录》卷上，徐爱录第五条，《王阳明全集》卷一语录一，上海：世界书局 1936 年版，第 3 页。

好"好色"，恶"恶臭"，实际上犹言好"是"恶"非"。如果人心根本没有好恶之分，那么外在只应有色与臭，而无所谓好色与恶臭之分。而如果自然"好"的便是"好色"，"恶"的便是"恶臭"，那么就是良知与天理相符。在这个意义上，又反用良知来判断，因为"好"之，所以说"好"的是"好色"，因为"恶"之，所以说"恶"的是"恶臭"，契合天理之是非。只见那好色时已自好了，只闻那恶臭时已自恶了，一念之发动已合天理是非，而不是另立一个心去好去恶，这是知行合一不可二分。所以钱穆先生总结道："圣人只指点出那些人心的真好真恶，即真知真行而认为是天理，并不是在人心之真好真恶真知真行外来另寻一天理。"①天理即在良知中。更进一步，是非、好恶、知行与善恶的关系如何？王阳明指出："尔那一点良知，是尔自家准则，尔意念着处，他是便知是，非便知非，更瞒它一些不得。尔只不要欺他，实实落落依着他做去，善便存，恶便去。它这里何等稳当快乐。"实实落落依着他做去，善便存，恶便去，这其实就是"致良知"，就是按照天理之是非、良知之好恶去为善去恶，知与行真实合一。换言之，好"是"恶"非"，喜好的真实在喜好，认为它"是"，于是为善，厌恶的真实在厌恶，认为它"非"，于是去恶。这知与行的真实合一。到此的问题在于，一心之好恶如何与天理之是非相符合？如果致良知真的求诸内心，那么是非准则岂非由各人反问即可自知吗？这就引出了"诚"的问题。王阳明一言以蔽之曰："诚意之说，自是圣人教人用功第一义。"诚就是没有私意人欲，没有私意人欲隔断障碍，一心之好恶就与天理之是非相符，反之则相违。所以王阳明指出："用致知格物之功，胜私复理，即心之良知更无障碍。得以充塞流行，便是致其知。致知则意诚。"钱穆先生又释云："一切天理，则建立在此心之真知真行上，便是建立在诚上。诚即是心体，即是良知。意不诚，则因私欲障隔。"②如果一心无人欲私意障蔽，便是良知，

---

① 钱穆：《宋明理学概述》，台北：联经出版社1998年版，第259~260页。
② 钱穆：《宋明理学概述》，台北：联经出版社1998年版，第261页。

感念好恶之发皆合于是非，便是天理。这时，并不是因为有一个外在的天理，强加在心体之上，而是一心之真之诚，所发皆致良知。所以王阳明认为："人但得好善如好好色，恶恶如恶恶臭，便是圣人。"钱穆先生亦强调："圣人也只是'此心纯乎天理'。换言之，圣人也只是'诚'，只是好善则真好善，恶恶则真恶恶，如此而已。此种真好真恶，你则不须向圣人求，只向自己求。汝之好恶之真不真，别人尽不知，你自己却尽是知。"①圣与凡的区别在于圣人之心纯乎天理。凡人之讲求成圣，不是用外在的天理去伪化己心，而是要让自己的真好真恶、真知真行与天理之是非相符，所发皆诚。在这个意义上，王阳明并不认为不"讲求"，不要工夫，他指出"如何不讲求？只是有个头脑。只是就此心去人欲存天理上讲求。就如求冬温，也只是要尽此心之孝，恐怕有一毫人欲间杂。讲求夏清，也只是要尽此心之孝，恐怕有一毫人欲间杂。只是讲求得此心若无人欲，纯是天理，是个诚于孝亲的心，冬时自然思量父母的寒，便自要求个温的道理。夏时自然思量父母的热，便自要求个清的道理。这都是那诚孝的心发出来的条件。却是须有这诚孝的心，然后有这条件发出来。譬之树木，这诚孝的心便是根。许多条件便枝叶。须先有根，然后有枝叶。不是先寻了枝叶，然后去种根。"②又举出反例："即如今扮戏子，扮得许多温清奉养的仪节是当，不成亦谓之至善？"③可见王阳明求诸内心、认为心即理，并不是要尽废讲求工夫，而是首先要诚，有真知真行，才能使讲求落实到良知之好恶与天理之是非相符上。接着王阳明又从"圣"与"俗"、"体"与"用"等诸关系上来论"讲求"与"良知"。王阳明认为："人只要成就自家心体，则用在其中。"又说："只是要他心体纯乎天理，其运用处皆从天理上发来。"在这个意义上，

---

① 钱穆：《宋明理学概述》，台北：联经出版社1998年版，第262页。

② （明）王守仁：《传习录》卷上，徐爱录第三条，《王阳明全集》卷一语录一，上海：世界书局1936年版，第2页。

③ （明）王守仁：《传习录》卷上，徐爱录第四条，《王阳明全集》卷一语录一，上海：世界书局1936年版，第2页。

王阳明指出:"圣人之所以为圣,只是其心纯乎天理,而无人欲之杂。"又云:"人到纯乎天理方是圣。"钱穆先生认为,这是王阳明良知学发展到的最高处,"良知之学发展到最高处,还是"人皆可以为尧舜"。做尧舜的条件,不在外面事业上,却在自己心性上"。① 王阳明这里其实是以孟学和佛学二者为源,在佛学中,佛与俗众的区别在于"悟",而在王学中,能否成圣的关键就在于能否致良知,使其心纯乎天理;在孟学中,人皆有恻隐之心、羞恶之心、恭敬之心、是非之心这四个善端,只要培养四端,便人皆可以为尧舜,而在王学中,人皆有良知、明德,只要去除其私欲隔断遮蔽,发展到至诚至尽,则人人可以止于至善、纯乎天理。因此钱穆先生总结道:"佛教发展到慧能,人人都可以成佛。儒学发展到王守仁,便人人都可以作圣。这一理论,固然当溯源及于孟子与陆九渊,但到守仁手里,却说得更透辟。"②这也使得王学与程朱之学呈现出不同。后人常谓程朱为理学,主性即理,重视格物穷理的"讲求",谓陆王为心学,主心即理,重视致良知。这种分歧在某种程度上仍然是受到了佛教禅宗的影响,如同南顿北渐之别。

阳明之学发展到晚明,出现了谈空说玄论虚的禅学化倾向,并大张"王门四句教"——"无善无恶是心之体,有善有恶是意之动,知善知恶是良知,为善去恶是格物",把"致良知"之说引向释老,偏离了王守仁的本意和主旨;另一方面,王学内部也形成了不同学派,纷纷立说论驳。在此学术背景之下,李材提出"止修之学",以救其弊。止修,"修"指修身,"止"指止于至善。李材指出:"于是拈'止修'两字,以为得孔、曾之真传。""六经无口诀,每谓只有艮其背一句,其实即是知止。……但《大学》说止善,似止无定方;《易》说艮背,似止有定所。知阴阳内外之辨,而知止之妙可得;识《剥》《复》消长之机,而艮背之理可求。"(《明儒学案》卷三十一《止修学案》)通过"止",李材不仅将

---

① 钱穆:《宋明理学概述》,台北:联经出版社 1998 年版,第 265 页。
② 钱穆:《宋明理学概述》,台北:联经出版社 1998 年版,第 266 页。

"六经"之旨提纲挈领地表述为"知止"，拈出儒学发展的主线，并承接
止善，将王守仁的"致良知"落到实处，即修身与止于至善。可见"止"
在学理上的建构力与涵摄力。

结语——尚待经典化的"止"

　　李大钊先生曾将中国文化的最大特征概括为"执性之静止"，它是一种"守静的态度""持静的观念""静的精神"，是一种"静止文明"；在此立意上，他将东西文明进行对比，认为"东西文明有根本不同之点，即东洋文明主静，西洋文明主动是也"，主张"竭力以受西洋文明之特长，以济吾静止文明之穷，而立东西文明调和之基础"，又强调"吾人为自己精神的自由，一面努力于境遇之制服与改造，一面亦须注意于境遇之制服与改造不可无一定之限制，而努力于自己精神之修养"。[①] 在"进""动"的同时"不可无一定之限制"，其实就是"知止"。因此，"止"实际上堪称整个中国文化的根本特征与精神内核。

　　作为中国传统文化的主要成分，儒、道、释三家都以不同的方式和角度阐发"止"，这些带有"止"的经典表述或思想观念，在漫长的历史时光中，潜在地、零散地渗透到人们的思维深处。在具体行为层面，儒家讲究"止□""时行则行，时止则止""可以行则行，可以止则止"；在理想标准层面，儒家追求"敬止""安止""止乎礼义""止于至善"。道家基于生命的有限性剖析"止"与"不止"的关系，指出"知止不殆，知足不辱"，强调止于自然、止于本性。作为原始佛教核心要义的"四圣谛"实际上都围绕着"止"展开："苦"为不止之苦；"集"苦之原因和条件则是不知止，故有欲望、有贪爱、有执念、有嗔怪；"灭"即为苦之止息的

---

　　① 李大钊：《东西文明根本之异点》，原载《言治》季刊第 3 册，1918 年 7 月。后收入《李大钊文集》第二卷，北京：人民出版社 1999 年版，第 202~203 页。

境界;"道"所指引的其实就是如何止欲。因此,苦谛即是"不止";灭谛是对苦谛的否定,是苦之息,其本质是"止";集谛则是解释缘何不止,是对苦谛原因的探求;道谛是阐述如何"止",是对达到灭谛之方法的主张,如"止持戒""止观双修"等。即使在日用常行的层面,人们也强调"适可而止"。总的来说,"止"关注的是人与天以及内与外之间的界限,讲求有节制、有限度,讲求止欲劝善、适可而止,并导向一个至高境界与终极目标。

对于中国文化而言,"止"是一个极为重要的关键词,但并没有得到足够的重视。"止"在一定程度上塑造了中国文化的性格,凝结了中国文化的要义,而中国文化也需要"止"这一精神。在这个意义上,作为中国文化的元范畴,"止"可以而且应该经典化。